柳川

別府

湯布院

宮島

尾道

倉敷

伊勢

志摩

小布施

輕井澤

愛日本2！

此生必遊的10大風格小鎮

一張 JR Pass

規劃從 **福岡**、**大阪**、**名古屋**、**東京**

出發的壯遊或在地之旅

《商業周刊》美食作家

「胖狗過生活」版主

吳燕玲 著

Day11
名古屋-小布施
小布施
倉敷-伊勢
輕井澤
東京
名古屋
Day14 輕井澤-東京
伊勢
志摩
Day12 小布施-輕井澤
Day13 輕井澤
Day9 伊勢-志摩(賢島)
Day10 志摩(賢島)-名古屋

一張 JR Pass
遊遍十大風格小鎮

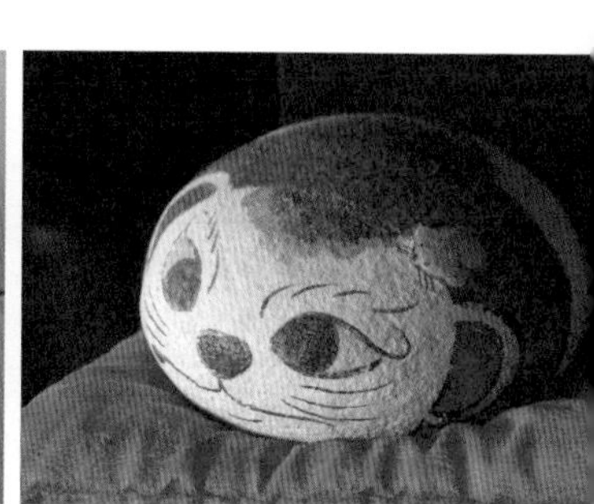

Day
11

Day
12

Day
12
Day
13
Day
14

愛上風格小鎮療癒的魔力

說也奇怪，當我坐著西鐵特急前往柳川時，只是看見車窗外綠油油的農田，不知怎麼著，心，很自然地舒展了開來。

也許是一下飛機，才從人馬雜沓的機場、車站擠出來，第一次在旅行的第一天，沒在繁華的大都市多停留，就直奔鄉間小鎮而去，所以這種從焦急到平靜的心情曲線，起伏得格外明顯；小鎮，對於習慣在大都會生活的我們來說，總是有股特殊的魅力。

應該是那份「想逃」的心情吧！？想逃離日常的繁瑣、想逃離城市的喧囂，但是我們已經被城市「餵養」得太好，真要到一個連便利商店都找不到的深山野林，大概也活不下去；所以小鎮，特別是日本的風格小鎮，靜謐豐富，剛好適合那種想逃，卻又無法真正逃出去的現代都會男女。

二〇一五年春天，我展開計畫已久的「風格小鎮」之旅，以一張十四天的全國版JR Pass，從九州到東京遊遍十大風格小鎮；其實原本的計畫是買一張二十一天的JR Pass，從九州到北海道來一次「橫斷」日本之旅，但是害怕回來之後，老公的辦公桌不見了，只好自動縮減成「半橫斷」的旅行，即使是「半橫斷」，卻已被朋友眼中的嫉妒，射得遍體鱗傷。

之所以在「小鎮」前面加上「風格」兩個字，是因為這十個小鎮，都有自己獨特

的韻味；像「柳川」與「倉敷」，雖都有水道，但一個靜謐一個熱鬧；「宮島」與「尾道」雖都山海相依，但一個神祕華麗，一個人文自然；「別府」與「湯布院」，都以溫泉著名，但一個如男性般大氣粗獷，另一個有女性的溫柔婉約；「伊勢」與「志摩」，雖被劃為一個國家公園，但一個追求的是心靈的洗滌，另一個能讓你盡享親子悠遊之樂；「小布施」與「輕井澤」，雖都在長野縣的高原，但一個樸素，另一個浪漫。

在規劃這次旅行時，本來只是想去自己喜歡的小鎮走走，卻意外地發現它們剛好兩兩成對，卻各以自己的歷史文化，孕育出別處難以仿效的風格。

這十個「風格小鎮」多數以前都曾去過，第一次去玩，有初見的驚喜，舊地重遊，另有一分既熟悉又陌生的樂趣。日本四季分明，不同季節本就有不同的風景，過了幾年再訪，發現這些小鎮都是「有機」地發展，曾經造訪過的老鋪在固守傳統之餘，一個個華麗轉身；新崛起的，不只是光鮮亮麗的建築，更重視該傳達什麼樣的訊息給下一個世代。這就是日本風格小鎮的魅力。

這次十四天的旅行，並沒有像過去一樣，選擇頂級的奢華旅館，就好像在輕井澤，當然想再去住一次美得令人屏息的「星のや」，但在預算的考量下，價位適中的 Auberge 竟更符合森林私人別墅的氣氛；又或者是尾道的自行車旅宿、料亭旅館，即使是毫無特色的商務旅館，也刻意挑被二條鐵道包夾的「鐵道旅館」……；我依然堅持，旅宿，也是風景，每一間，都要有足夠的「理由」入住。

很多人沒有辦法請十四天的長假，所以這十個「風格小鎮」，剛好可以分成從博多、大阪、名古屋、東京，四個有台日航線的大城出發，車程在二小時以內，適合以三、四天來玩一、二個小鎮的旅行；或許這樣的行程規劃，更適合大多數假期短的旅人。

原以為這次「壯年的半壯遊」，會讓我走得腿斷掉，但意外地，竟絲毫不覺得累，縱有幾天是被一個小鎮搞得腳脹腿痠，卻在下一個小鎮得到了休息，讓我興起明年再來一次從東京到北海道的風格小鎮之旅，完成另外半個日本橫斷的念頭。

在最後一站，輕井澤的草莓園裡，聽農場主人說，前二年，草莓溫室被一場雪災搞得全毀，在全體工作人員的努力下，好不容易才恢復原來的樣貌，今年的草莓碩大甜美，終於迎來一個豐收的季節！我在農場主人布滿風霜的臉上，已看不到他當時的欲哭無淚，只有因豐收而燦爛的笑容。

風格小鎮，就像一帖藥，充滿療癒的魔力，讓我們脫離了日常，心靈稍稍獲得喘息；希望你也和我一樣，愛上日本的「風格小鎮」。

Day 1
Day 2

風格小鎮—柳川

但願身為女兒家 柳川

一出西鐵柳川駅的剪票口，我就被車站裡，懸掛在一整面窗的吊飾給吸引住了！

如果城市有性別，那麼柳川，一定是女性；柳川是日本最著名的水鄉，城內河道蜿蜒流轉，原本就柔情似水，在柳川，身為女兒是幸福的，因為柳川是個極重視女兒節的小鎮，每年從一月底開始，這個小鎮就忙著在為女兒節做準備。

三月三日的「桃之節句」，又稱為雛祭、女兒節。在過去，日本的女兒節是農曆三月三日，明治之後，改為國曆的三月三日，但日本有些地方還是習慣依照農曆日期來過節；從二月到四月初，整個柳川，都洋溢著女兒節的氣氛。

日本的女兒節，源自於中國唐朝的上巳節，此時桃花盛開，古人相信桃花有驅邪的力量，傳入日本之後，與宮中的紙娃娃遊戲（雛遊）結合，日本人認為，把紙娃娃放進紙船裡，隨著河水流走，可以轉嫁一生的災禍。到了江戶時代，雛人形取代了紙娃娃，而且愈做愈華麗，七階的雛壇，從最上層的天皇與皇后、宮女、樂隊、大臣依次擺下來，還有酒壺、重箱、菱餅等小道具，雛人形的擺設，已成為現今日本女兒節的象徵。

柳川除了擺設雛壇、雛人形之外，還會在雛壇兩側掛上吊飾；日本

從台北搭乘早班機飛往福岡，中午抵達博多後，到天神坐西鐵特急直殺柳川，展開柳川泛舟，下船後在 River Flow 喝紅茶、吃點心，到「水邊の道」散步，去「かんぽの宿」泡溫泉。

宿：御花

早餐後參觀「御花」，遊逛沖端一帶，探訪北原白秋生家、戶島氏邸，中午離開柳川轉往別府。

1 柳川把當地的女兒節吊飾稱為「さげもん」
2 一出剪票口，就看到西鐵柳川駅內一大面女兒節吊飾
3 船夫很得意地秀出女兒節水上遊行時，他搖櫓的照片

有三個女兒節吊飾非常出名的地方，分別是靜岡縣的稻取、山形縣的酒田，另一個就是福岡縣的柳川。

柳川的女兒節吊飾，有另外一個名稱叫「さげもん」，最早起源於江戶時期，柳川的婦女們，利用和服的殘餘布料，縫製成孩子的玩具，後來發展成吊飾上每個玩偶，都有各自的含義。例如「鼠」是象徵子女繁多，「鶴」與「龜」代表長壽，「猴子」代表活潑，「桃」代表心想事成，「瓢簞」代表無病無災……；仔細看每一個吊飾，會發現它的做工非常精緻，說它是柳

川細工的代表，也不為過。

柳川雛祭最盛大的活動，是每年三月中旬所舉辦的水上遊行，除了河道兩側會掛上吊飾之外，最受矚目的，是船中坐了穿著古代和服、頭戴金冠的「稚兒」。我在三月底造訪柳川，遊船時，船夫很得意地拿出雛祭水上遊行的照片，原以為他只是在介紹剛剛舉辦過的水上遊行，定睛一看，照片中划著搖櫓的船夫，怎麼這麼面熟？哈！原來就是他嘛！

柳川也是日本國民詩人北原白秋的故鄉，所以柳川的另一個水上遊行，是每年十一月初的白秋祭。不同於雛祭的遊行是在白天舉行，白秋祭的水上遊行則是在晚上，而且從十一月一日到三日，一連舉行三天。據船夫說，白秋祭的夜遊船非常熱門，想參加的人八月底前就得報名，而且船票漲價到一個人六千日圓。即使那麼貴，還是一票難求，因為在那幾天，河岸上不但會放煙火，河道兩側還會搭起好幾個舞台，到處都

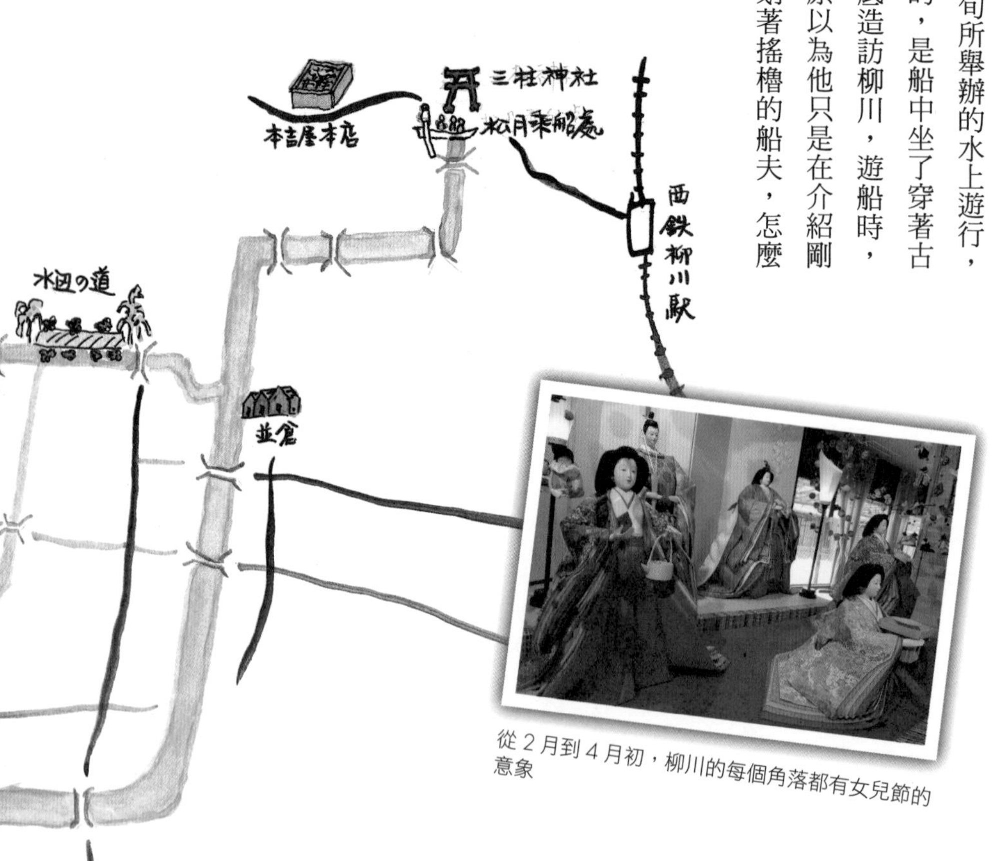

從 2 月到 4 月初，柳川的每個角落都有女兒節的意象

1 好大的雛壇啊！
2 河岸邊也有雛人形
3 從 2 月開始，許多商家把自己的雛人形擺出來，供遊客參觀

有表演，熱鬧得不得了！而且夜遊船上的燈籠與街燈相輝映，把柳川映照得極其夢幻。

聽船夫說得如此讓人心癢難耐，我轉頭問老公：「十一月初，我們要不要再來柳川啊？」

柳川景點位置圖

主要祭典

2 月到 4 月初：雛祭

11 月：11/1-11/3 白秋祭

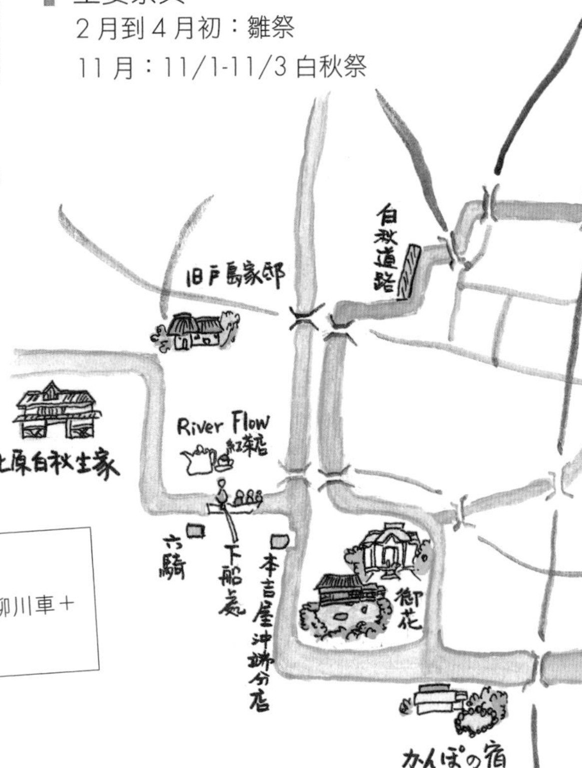

Tips：
在天神西鐵車站窗口購買西鐵柳川車＋船的套票。

會唱歌又會耍特技的柳川船夫

柳川，這個位於福岡縣西南部的小鎮，自中世紀築城以來，因為有明海的潮汐落差極大，為了解決水患，也為了城下町百姓的生活用水、農業灌溉等問題，開鑿了彎彎曲曲的護城河，全部的河道總長度約六十公里，讓柳川成為日本最著名的水鄉。雖然柳川城在明治二年（一八七二年）被毀，但交錯的運河，卻成為這個小鎮最重要的觀光資產；來柳川，遊船，是不能錯過的重點行程。

搭船的「松月碼頭」就在「三柱神社」前，柳川遊船的時間很長，至少要花七十分鐘，但是坐船時，船夫「說、學、逗、唱」樣樣來，我的日文極破，雖然聽不太懂，但靠其中幾個關鍵單字來猜測，加上之前做過的功課，總算能了解個大概。

因為造訪柳川的台灣人不少，船夫也學會了幾句中文，說得最標準的是：「頭——小——心——」！因為遊船過程會經過很多橋，每座橋

1 城堀水門是經過的第一座橋，也是柳川唯一的水門
2 柳川民宅大多緊鄰著河道
3 這個河童好愜意，邊睡覺邊作夢

乘船的松月碼頭，就在三柱神社前

都又低又矮，只要快要划過橋，船夫就會冒出這句：「頭——小——心——」！

柳川遊船不但要小心頭撞到橋，更要小心頭撞到樹！靠近立花家別邸「御花」的那段河道，樹大茂密，有些樹幹甚至延伸到河面，每個船夫都會刻意划到樹幹下，增添遊船的樂趣。

柳川既是北原白秋的故鄉，河岸邊少不了有些文學歌碑，但其中有一座石碑很有趣，竟然是「鰻魚供養碑」！柳川最著名的鄉土料理就是蒸籠鰻魚飯，來柳川玩的觀光客，少不了都要吃上一碗，所以柳川一年不知要殺掉多少條鰻魚，建個「鰻魚供養碑」祭拜一下也是應該的；每年七月，在「鰻魚供養碑」旁，還會舉行鰻魚放生的儀式。

坐在船上時，我一直忙著張望兩岸的風光，心裡盤算著，待會兒下了船，要走回哪裡去散步？但是發現柳川民宅大多緊靠著河，中間很少有可以散步的道路，唯「二」可以稱得上「散步道」的，是中段的「水邊の散步道」，與靠近沖端地區的「白秋道路」。

比較美的是「水邊の散步道」，此刻岸邊的楊柳雖然還不茂密，但是花朵盛開，寧靜閒散，一派可人的小鎮格調，難怪會被選為「日本百選道路」之一。

划船唱曲，似乎是每個水鄉船夫都會做的事。我們的船夫雖然有點年紀，但唱起歌來可不馬虎，我以為我運氣好，碰到了個會唱歌的船夫，哪知道，對面過來一艘船，那艘船的船夫歌聲也很好聽，讓我不得不懷疑，柳川遊船公司應徵船夫的時候，歌聲，搞不好是最重要的條件呢！

有些年輕的船夫，不只會唱歌，還會表演特技。

第二天上午，在「御花」旁邊散步時，剛好有條船過來，當

1 要準備過橋了

2 船夫：「我在這裡啦！」

3 船夫：「我要跳下去了喔！」

4 跳！

5 船夫：「怎麼樣？厲害吧！」

「三柱神社」供奉著「西國無雙」立花宗茂

「三柱神社」供奉的是柳川藩主立花宗茂、他的妻子誾千代、岳父立花道雪三個人；說起來，立花宗茂真是個傳奇性的人物，非但文武雙全，在少年時期即已嶄露頭角，所以被立花道雪相中收為養子，並娶了道雪的女兒誾千代，繼承了立花家。

被豐臣秀吉讚為「西國無雙」的立花宗茂，在「關原之戰」時，為報答秀吉的恩情，拒絕了德川家康，加入了西軍，但因西軍戰敗，柳川被圍城，顧念到柳川百姓的性命，立花宗茂最後決定開城投降，他自己則從藩主變成了浪人。不過，由於德川家康非常賞識他，把宗茂召回後賜與封賞，宗茂後來在大坂之陣中建下戰功，得以復歸舊領柳川藩，成為唯一一位曾經「選錯邊」，卻恢復大名身分的戰國武將。

回到柳川之後，立花宗茂積極地修建柳川城，他開荒整田、造橋鋪路、建寺廟、治水患，柳川城的基本城廓與疏水道，就是立花宗茂建立的，因此柳川百姓對他非常愛戴及感念。

三柱神社供奉的是立花宗茂，宗茂之妻、宗茂的岳父

崇拜立花宗茂的人來柳川，都會到「三柱神社」參拜，但「三柱神社」在2005年被燒毀，拜殿、唐門、迴廊全都付之一炬。目前拜殿已經修復完成，其他建築仍然在持續修復中。

乘船客人忙著低頭過橋時，突然之間，船夫把搖櫓用力往前一推，自己卻跳上了橋，本來以為船夫要棄船而去，哪知道，他翻過橋，等船從橋下冒出來後，他竟然從橋上跳下去！驚呼聲中，船夫像個特技演員，安安穩穩地落在船上，得意地繼續划著船，向前行。

遊覽柳川的最佳方式，果然是遊船！

不喝綠茶喝紅茶 River Flow 紅茶店

今天飛到日本就直赴柳川，遊船時，肚子已經咕咕叫了！偏偏今天是週一，想吃的蒸籠鰻魚飯老店「元祖本吉屋」公休，還好「御花」的晚餐有蒸籠鰻魚飯，恰巧下船處「六騎茶屋」的對面，有一間可愛的紅茶店，先喝杯茶、吃點心，還有肚子可以迎接晚上的會席料理。

兩層樓的「River Flow」，二樓靠窗的座位，可以看到柳川運河；店內常備五十種以上的紅茶，包括印度的大吉嶺與阿薩姆、斯里蘭卡的烏巴紅茶，還有來自中國的紅茶。我點了一款大吉嶺、一款阿薩姆，茶味芳香，搭配現烤的厚片吐司，一甜一鹹，既解了餓，又有滿足感。

其實柳川附近的八女市，是日本綠茶的主要產地之一，所生產的玉露在茶人心目中評價很高，也常常得獎；照理說，來柳川應該來喝八女茶，但是我的第一杯茶卻是紅茶，好像有點不搭調。

不過，日本各地常常可以看到很多很棒的紅茶店，不僅販售的紅茶種類多，其專業程度與精緻度，都令人咋舌，除了講究品種之外，產地、茶園、季節、分級等，細緻的程度，比很多歐洲國家的紅茶店還龜毛；來日本，不只喝日本茶，喝紅茶，也非常享受呢！

2 | 1

1 River Flow 除了甜點，也有鹹點

2 坐在二樓窗邊，窗外就是柳川運河

River Flow 紅茶店

官網：http://tearoom-riverflow.com/

地址：柳川市稻荷 13-4

營業時間：10:00-19:00，週三休

2 | 1　**1** 不認識北原白秋是誰？走一趟「北原白秋生家」就認識了
2 北原白秋是日本家喻戶曉的國民詩人

日本國民詩人北原白秋，曾為台灣青年寫下一首歌

柳川的代表性風景是遊船，代表性人物，除了戰國時代的立花宗茂之外，近代人物中，要屬北原白秋了！

台灣人或許對北原白秋較陌生，但是在日本，他可是位家喻戶曉的詩人。明治至昭和初期的北原白秋，出生於柳川商家，在早稻田大學念書時，即發表了其處女作《邪宗門》，奠定了詩人的地位；北原白秋與其他詩人最大的不同，是他的作品非常走入民間，不但改編成許多企業、學校的社歌、校歌，一九一八年，日本第一本兒童刊物《赤い鳥》創刊，北原白秋開始了童謠創作，許多日本人認識白秋，常常是從童年時代收音機裡播放的童謠開始，因此他又被喻為「童謠詩人」、「國民詩人」。

出了這樣一位家喻戶曉的詩人，柳川居民當然與有榮焉，雖然他出生的老家，在一九〇一年的沖端大火中，被燒掉了大半，後來積極修復為他的紀念館；參觀時，發現紀念館裡有兩張在台灣拍的照片，原來他在一九三四年曾經訪問過台灣。

回台之後翻查資料，發現北原白秋那次在台灣的旅行，長達一個月，是應台灣教育會之邀，來台進行日語的推廣；在台灣期間，他寫下《台灣青年の歌》、《台灣少年行進歌》，其中《台灣青年の歌》的第一段如下：

君見ずや南の島　風光り（君不見南方的島　風光明媚）
椰子はそよぐ　青年　われら常に（椰子樹輕搖　青年　我們總是）
雲とおこり　志高くあらむ（與雲同起　志氣高昂）
台湾　台湾　ここぞ我が島（台灣　台灣　這是我們的島）
いざ守れ　われら（守護吧　我們）
われらぞ　台湾青年（是我們　這些台灣青年）

整首歌共有四段，光看前三段，會覺得即使時空不同，現在的台灣年輕人來唱，也並不突兀，但是最後一段的歌詞，卻洩露了目的：

君見ずや南の島　國強く（君不見南方的島　國家強盛之道）
道は正しい　内台　われら一に（是正確的　內台一致團結）
旗となびき　天皇の下に生きむ（旗幟隨風飄揚　在天皇之下而生）

其實這歌曲，是日本對台灣進行皇民化教育的一環；透過歌詞不斷形塑台灣青年勇敢、堅毅的意志，進而對日本效忠，最後台灣青年甚至成為日本侵略戰爭下的犧牲者。

旅行中的所見所聞，常常會感到歷史的流轉，真是令人無奈。

北原白秋生家

http://www.hakushu.or.jp/index02.php
開放時間：9:00-17:00，12/30-1/1 休館
入館料：500 日圓

北原白秋在柳川度過了難忘的童年

柳川散步路線：御花—北原白秋生家

一直疑惑美麗的柳川，到底適合散步的路徑在哪裡？第二天一早，從「御花」走到「北原白秋生家」，才發現，原來柳川的散步路線，其實集中在沖端地區。

本來想依著指示牌，一路直進「北原白秋生家」，但中途看到「江戶小路」的路牌，想著時間還早，不妨進去走走看。轉進去，發現這條 150 公尺的小路，沒有顯赫的建築，但是小路蜿蜒，民宅清靜，絲毫沒有觀光的氣氛，這才是柳川的居民的生活寫照！

走出「江戶小路」後，就是「白秋道路」的起點。「白秋道路」是北原白秋年少時，每天從家裡走到「藩校傳習館中學」上學的路線，沿著運河而行的這一段散步道，寬敞宜人，不知是否因此醞釀出北原白秋的才情詩意？

如果往「北原白秋生家」的方向走，會先經過一棟茅葺屋頂的建築，是「舊戶島氏邸」。江戶時代建造的這棟建築，本來是給柳川藩士吉田兼壽做為隱居的住宅，但也常常做為柳川藩主的茶室，雖然不大，但庭內花木扶疏，十分典雅。

舊戶島氏邸

開放時間：9:00-17:00
入館料：100 日圓，持白秋生家門票可免費參觀

1 「江戶小路」只有 150 公尺，充滿寧靜的民家氣息

2 出了「江戶小路」，就是「白秋道路」的起點

3 「舊戶島氏邸」茅葺屋頂的建物，建造於江戶時代

4 「舊戶島氏邸」庭內花木扶疏

住進柳川藩主的別邸 御花

柳川最美的一處宅邸，就是「御花」。

「御花」是柳川藩主立花家的別邸，從初代藩主立花宗茂算起，立花家擔任柳川藩主一共十二代，直到明治新政府廢藩置縣，立花家的當主雖然不再是柳川藩主，卻仍然享有伯爵的地位。

雖然廢除了封建制度，但是這些華族子弟家大業大，或從政、或從商，仍然是日本上流社會主要的成員。太平洋戰爭後，家道中落的華族不少，有些華族子弟生活相當貧困，在這樣的背景下，當時立花家的十六代當主立花和雄與夫人文子做了一個大膽的決定，把位於柳川西南邊的別邸「御花」改為料亭旅館，開始對外經營，甚至把家族代代相傳的收藏拿出來展示；一直到現在，「御花」還是由立花家的後代在經營。

現在的「御花」，分成好幾個部分，不同風格的建築與庭園，象徵著它的歷史。做為旅館用途的是「松

1 配合女兒節，第一道前菜就看到菱餅
2 晚餐的食事，就是蒸籠鰻魚飯
3 早餐很豐盛，有湯豆腐與各式小缽

立花家第十六代當主把「御花」改為料亭旅館

濤館」，內部裝潢很樸素，很像昭和年代的旅館，房型有和室與西式；我覺得睡彈簧床比睡榻榻米舒服，所以訂的是西式的房間，站在房間的陽台，就能俯視美麗的「松濤園」。

「御花」的興建，始於第五代藩主立花貞淑，當時他建造這座別邸的目的，是讓側室與孩子居住，政務餘暇時他也可以來此休憩，因此建造之初便引水入池，擁有一個美麗的庭園。但是現在看到的庭園，已經過第十四代立花寬治整修，他在水池旁種了二百八十棵松樹，安置了一千五百個庭石，既大氣又優美，是日本著名的名庭，一九七八年被指定為國家名勝。

立花寬治同時興建的另一棟建築物，是藍頂白牆的「西洋館」；木造二階的建築，在當時已裝上了電燈，形同柳川的鹿鳴館，如今二樓還保留當時豪華的裝潢，現在則做為婚宴或派對的場地。

就算不入住「御花」的旅館，也能買門票

御花

官網：http://www.ohana.co.jp/

價格：一泊二食 16,000 日圓起

交通：西鐵柳川駅坐計程車約 10 分鐘，遊船碼頭終點走路 2 分鐘進來參觀「御花」的建築、庭園、史料館，但是住在這裡的好處，是能玩得更從容；check in時，「御花」還給了我「かんぽの宿」的泡湯券，坐船時經過「かんぽの宿」，覺得它的位置與「御花」有點距離，但是服務人員帶我從旅館的後門走出去，過了河，再走幾步路，就是「かんぽの宿」！也因此，才發現之前遊船時，樹木最茂密、會被樹幹打到頭的地方，就是「御花」後面這一段。

入住「御花」的另一個好處，是可以享用它的料理，雖然讓宿客用餐的地方，並不是在做為料亭的日式大廣間，但是一樣可以吃到料亭的菜色。第一道前菜端上時，看到日本人在女兒節會吃的菱餅，就覺得「御花」很用心，後來的每道料理也盡量從食材來表現春天的季節感，不過，我最期待的，還是最後的蒸籠鰻魚飯。

柳川的蒸籠鰻魚飯，作法與關西、關東都不同，是把鰻魚先烤過之後，連同拌好醬汁的白飯，一起拿去蒸，所以鰻魚與飯同蒸時，鰻魚的油脂會滴在飯上，飯的口感就有點像糯米。由於蒸籠鰻魚飯是整套會席料理最後的食事，所以只有一小碗，也許正是因為份量少，反而覺得特別好吃。

明治時期建造的「西洋館」，是柳川的鹿鳴館

水泥建物是旅館，日式房子是料亭，料亭後面是西洋館

「御花」的早餐也不錯，除了一般常見的湯豆腐與各式小缽之外，還會給你一大張香氣與味道都很濃郁的有明海苔。我最喜歡日式早餐中的海苔，因為吃法千變萬化，可以隨意搭配出各種味道的飯糰。

先撕下一小片，這捲單純用海苔包白飯；再撕一小片，這捲除了白飯再加點漬物；再撕下一小片，這捲的白飯裡再加一小塊烤魚……，這一大張海苔，就讓我不知不覺吃掉了兩大碗白飯！

柳川交通攻略

從福岡空港到博多

全日本所有的機場到市區，最快速的，恐怕就屬福岡空港了！

從福岡空港出關後，坐地下鐵空港線只要兩站，僅僅六分鐘車程就到「博多駅」；就算要到熱鬧的「天神」，地鐵空港線一路駛過去，也不過十分鐘，車資都是二六〇日圓，雖然福岡空港也有巴士到博多駅、天神，但車資相差無幾，坐地下鐵雖然快，但是要坐地下鐵的車站在國內線航站，所以出了國際線航站後，需坐接駁車去國內線航站坐地鐵。

從博多到柳川

博多有兩個交通中心，一是「JR博多駅」，另一個是「天神」。天神是西鐵集團的勢力範圍，餐廳、商場、飯店……，熱鬧非凡，也是西鐵電車與西鐵巴士的交通樞紐，西鐵電車雖以這裡為起點，但車站名稱不叫「天神」，叫「西鐵福岡」，顯然有向JR叫陣的意味。

要到柳川或太宰府，坐西鐵電車遠比坐JR方便。從「西鐵福岡」（與地鐵天神站共構）搭乘西鐵電車，半小時就有一班西鐵特急，四十八分鐘

從博多到柳川的交通

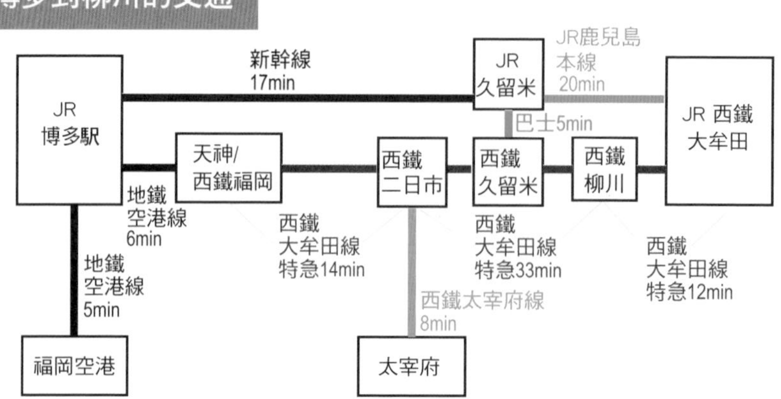

即抵達柳川。

幾乎每個人到柳川都會遊船，因此基本的交通費：來回車資（八五〇日圓乘以二）＋柳川遊覽船票（一五〇〇日圓）＝三二〇〇日圓，想要節省交通費，可在「西鐵福岡」二樓的「購票窗口」購買西鐵套票，有三種可以選擇，都是二日內有效；要提醒的是，這三種套票都不是區間內無限搭乘西鐵電車，只是從出發地到目的地的來回車票，如果中途出站，就失效了。

用JR Pass到柳川省錢的方法

這次從九州一路玩到東京，我買的是十四天全國版的JR Pass，第一天從福岡空港直殺柳川，為省時間坐西鐵，買了西鐵套票後，當然用不著JR Pass，所以在博多駅辦理JR Pass的兌換手續時（福岡空

西鐵電車到柳川的3種特惠套票

柳川特惠乘車套票（車＋船＋鰻魚料理），從天神出發5,150日圓：

這套票乍看價格很貴，但鰻魚料理本來就不便宜，此套票可在8家餐廳任選一家吃鰻魚料理，其中本吉屋、御花、若松屋皆為柳川鰻魚飯的名店，扣除車資與船票，鰻魚料理僅1,950日圓即可享用。需注意的是，若想去最受歡迎的「本吉屋」用餐，只能去靠近柳川駅的本店，與單點相較，套票的蒸籠鰻魚飯，鰻魚只有兩塊，想要大啖鰻魚者，可能會有些不滿足。

休閒柳川船車套票（車＋船＋溫泉），從天神出發3,170日圓：

除了車、船之外，此套票多了一張可在「簡易保險之宿」泡湯的溫泉券，雖適合愛泡湯的人，但「簡易保險之宿」的溫泉，既無庭園也無風景，實在沒什麼看頭，雖然包含「北原白秋生家」、「御花」等門票便宜50日圓的優惠，但與其他二張套票相比，相對而言，較無吸引力。

太宰府、柳川觀光套票（車＋船），從天神出發2,930日圓：

此套票包含四段車資，即從天神（出發地）一柳川（或太宰府）一太宰府（或柳川）一天神（出發地），但要注意的是，不管你是先到太宰府還是先到柳川，都不能中途返回博多再出發。此套票因多了太宰府，所以很受歡迎，就算沒去太宰府，只到柳川，買這個套票也很划算，而且還包括幾個景點的門票優惠。

太宰府半日遊：摸牛頭、賞梅、吃梅枝餅、喝星巴克

由於西鐵推出「柳川、太宰府套票」，很多人會順道去玩太宰府，從太宰府駅出來，順著参道走到底，就是太宰府天滿宮。

「天滿宮」祭祀的是學問之神菅原道真，地位有點像我們的孔廟，但是「太宰府天滿宮」之所以與京都的「北野天滿宮」齊名，並列為日本全國一萬二千座天滿宮的總本社，是因為太宰府是菅原道真去世之地，太宰府還伴隨著許多菅原道真的傳説。

菅原道真最愛梅花，他被貶至太宰府前，還特地與家中的梅花詠歌道別，等到他離去後，梅花因為太思念主人，一夜之間飛到他的太宰府宅邸，這就是著名的「飛梅傳説」；所以天滿宮裡種的不是櫻花是梅花，每年 2 月梅花盛開，是最美的季節。

菅原道真死後，本欲送往京都安葬，卻在出發時，載運棺木的牛突然不走了，因此出現他不想離開的説法，便將他安葬於太宰府。太宰府天滿宮前的「御神牛」被摸得發亮，據説小孩子摸摸牛頭，可以增加智慧呢！

前往太宰府天滿宮的參道也很有趣，到處都是賣「梅枝餅」的店家，其中有一間星巴克，是建築大師隈研吾的作品。隈研吾用許多木條建構起整個店面，與他設計東京的「微熱山丘」有著相似的風格，也許是設計的較早，所以不像「微熱山丘」那麼大膽，但是這間星巴克，已成為太宰府另一個著名的景點。

只是我愈看這些木條，怎麼愈覺得，它好像薯條呢？

2 | 1

1 太宰府天滿宮，是日本一萬二千座天滿宮的總本宮

2 建築大師隈研吾設計的星巴克，已成太宰府重要的景點

西鐵有各種到柳川的車＋船套票

到柳川，在「天神」坐西鐵特急最快速

港沒有JR窗口，不能在福岡空港兌換JR Pass），特意把JR Pass啟用日期延後，從第二天才開始使用。

對於只玩九州的旅人而言，不用買全國版的JR Pass，但可以向台灣旅行社買九州JR Pass。九州JR Pass分成「全九州」與「北九州」兩種，各自有三日券與五日券，如果想善用JR Pass節省旅費，可以在博多駅坐JR到「大牟田」或「久留米」去換西鐵。不過，「JR久留米駅」與「西鐵久留米駅」有段距離，巴士車程約十分鐘，但班次相當密集；到了西鐵車站，一樣可以購買各種西鐵柳川的套票，但要增加換車的麻煩，時間至少多花半小時。

風格小鎮 二 別府

是地獄，也是天堂 別府

但丁的《神曲》，這部歐洲最偉大的史詩，全詩共分成三篇：地獄篇、煉獄篇、天堂篇；後世對於《神曲》最著迷之處，不是天堂，而是地獄。許多文學、繪畫都喜歡以地獄為題材，就連膾炙全球的小說家丹．布朗最新的小說，也是圍繞著但丁的「地獄」為主軸。

人們固然嚮往美麗的天堂，卻總被恐怖的地獄所吸引。在日本，人們常把火山地熱噴出地面的景象，稱為「地獄」，因為四周寸草不生，又轟隆隆地怪聲作響，彷彿人間中的地獄；有「地獄」景觀者必有溫泉，對於愛泡湯者，赤身裸體泡進溫泉的那一刻，忍不住發出：「きもちいい（ki-mo-chi-ii，舒服死了）的呼聲，那種感覺，真的是宛如到了天堂。

別府有「八湯八地獄」，八湯是別府溫泉、浜脇溫泉、鐵輪溫泉、龜川溫泉、

2 | 1　**1** 鐵輪溫泉湯煙裊裊的奇景

2 龜川溫泉的「海浜砂浴」實在很酷

觀海寺溫泉、堀田溫泉、柴石溫泉、明礬溫泉；八地獄則是海地獄、山地獄、鬼石坊主地獄、白池地獄、かまど地獄（kamado，灶）、鬼山地獄、血之池地獄、龍卷地獄。

曾經得過直木賞的日本僧侶作家今東光，曾經為別府寫下一篇《地獄贊》：「當您惠臨我們別府，可以目睹到八大地獄，這裡不言而喻是無與倫比的恐怖地獄。伴隨著隆隆的地聲，滾燙的泉水不斷湧出，無數條巨大的活鱷魚前呼後擁，雖然眼見不到鬼，但稍不注意腳下一滑，一瞬間就再也回不到這個世界了！」

今東光此語當然是危言聳聽，以現代觀光產業的發達，到別府來一趟「地獄巡遊」，當然沒有什麼危險，但是在千年以前，別府的鐵輪、龜川所冒出的熱泥熱氣，如此特異的地表現象，確實嚇得人們不敢靠近。

別府被發現有溫泉的歷史很早，從西元八世紀流傳至今的《伊予國風土記》中，記述了一則神話：被視為「開拓三神」中的大國主命與少彥名命，在訪問伊予國（現今愛媛縣）時，少彥名命病倒了，大國主命便叫人

中午離開柳川前往別府，到了別府直奔鐵輪溫泉吃地獄蒸料理，到「湯けむり展望台」眺望鐵輪溫泉湯煙奇景。

宿：杉乃井大飯店

2 | 1
1 杉乃井大飯店的「棚湯」可以眺望別府灣美景
2 古代人看到地表冒出熱泥，難怪會覺得這裡是地獄

引來大分的速見溫泉（別府溫泉，古稱「速見溫泉」），讓少彥名命沐浴，少彥名命洗完後竟奇蹟似地痊癒，讓他不禁讚道：「彷彿瞬間就獲得了重生啊！」

別府溫泉治癒的，不僅是神，還治癒了士兵。

鎌倉時代，日本與中國元朝掀起戰爭，忽必烈聯合高麗兩次攻打日本九州，剽悍的蒙古鐵騎不敵颱風的威力，元軍兩次進攻皆因颱風重創艦隊而敗北；鎌倉幕府為治療在戰爭中受傷的士兵，就在別府溫泉、鐵輪溫泉、浜脇溫泉蓋了不少溫泉療養所，為傷兵治療。

到了江戶時代，鑽探技術的進步，造就了別府的溫泉湯場突飛猛進；明治、大正時期，別府又是築港又是建鐵路，溫泉資源加上海陸交通發達，別府，真是不紅也難！不管是溫泉湧出量、源泉數，別府都是日本第一，且以泉質論，光別府地區的泉質種類，就高達十種，別府，當然成為愛泡湯者的天堂。

這樣的別府，還一度成為男人們最嚮往的溫柔鄉。

明治時期，日本第二座火力發電廠在別府落成，加

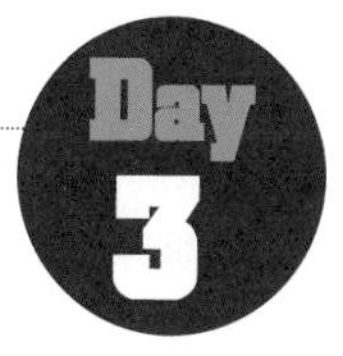

坐龜之井巴士到明礬溫泉看「湯之花小屋」後，返回別府駅，散步至竹瓦溫泉、別府塔，坐 JR 赴湯布院。

主要祭典

4月：別府八湯祭、扇山火祭
7月：別府夏日花火大會
12月：別府 Xmas Hanabi Fantasy

明礬溫泉的「湯之花小屋」可以貸切入浴

上大阪商船的往來、九州又是日本海軍的發祥地，這些以男性為主的客層，讓別府的街道，成了名符其實的「不夜城」；一直到現在，距離別府駅車程約五分鐘的「浜脇溫泉」，還殘存著明治大正時期的花街長屋。

但是別府的公共溫泉、旅館風呂那麼多，在有限的時間裡，該選哪些「湯」來泡呢？

當然要挑夠酷的囉！

二〇一〇年初遊別府，我選了龜川溫泉的「海浜砂浴」，不是泡湯，是泡「砂」；別府幾乎每間旅館都有溫泉，但位於觀海寺溫泉的杉乃井大飯店，它的露天風呂「棚湯」，卻有著可以眺望別府灣的美景，實在很難抗拒，只不過，從本館的房間走到露天風呂「棚湯」，竟然走了足足二十分鐘，是不是很誇張？

嚴格來說，別府並不是一個適合散步的小鎮，但是別府的「大」中卻有「小」，比方說，別府駅周遭，自成一個區塊，從商店街、竹瓦溫泉、別府塔，散步皆可達；坐巴士到「鐵輪溫泉」之後，又是另一個區塊，別府八地獄中有六個集中於此，遊逛地獄之餘還可享受自己炊煮的地獄蒸料理；我兩次到別府，連逛帶泡，別府八湯根本泡不完。

不用貪心，挑一、二個泡泡逛逛，其他的，留待下回再來吧！

別府景點位置圖

Tips：
周遊別府各景點，最好購買龜之井巴士一日券或二日券。

堀田溫泉
明礬溫泉
別府Rope way
溫泉保養ランド
地藏湯前
湯の花小屋
杉乃井Hotel
观海寺溫泉
海地獄前
鉄輪溫泉
(可逛6個地獄)
柴石溫泉
Rakutench
遊樂園
別府公園
血の池地獄前
(可逛2個地獄)
別府駅
別府溫泉
別府大学駅
龜川駅
浜脇溫泉
竹瓦溫泉
別府塔
龜川溫泉
海浜砂湯

從別府駅到別府公園、竹瓦溫泉、別府塔，皆在步行範圍內，其他景點則需坐龜之井巴士。

別府築港後，一度成為男人的溫柔鄉

初訪別府一日遊行程建議：

地獄巡禮（約 3 小時）—海浜砂湯—別府駅附近景點散策　宿：杉乃井大飯店

別府駅周圍散策

別府駅東口慢慢走

別府之父 超級卡哇伊

走出別府駅東口，你一定會被一座銅像吸引，單腳站立、雙手作勢展翅高飛、身後的披風還「掛」著一個小孩子；如此逗趣的模樣，任誰都想要認識這位「閃閃發光的叔叔」——油屋熊八。

人稱「別府之父」的油屋熊八，出生於愛媛縣米商之家，他曾因米糧批發成為巨富，也曾因投資失利變得一無所有。四十六歲時他落腳於別府，在別府車站前經營「龜之井飯店」，後來又成立「龜之井巴士」，更進一步開發由布院，如今湯布院御三家之一的「龜之井別莊」，正是當年油屋熊八用來招待貴客的別墅。

他為推動別府觀光不遺餘力，不但首創在巴士上安排女性導遊解說，許多應該由公費支出的宣傳活動，他都自掏腰包；如今日本人耳熟能詳的「山は富士，海は瀨戶內，湯は別府」（登山就去富士山，觀海要去瀨戶內海，溫泉屬別府最佳），其實是油屋熊八為宣傳別府觀光，所想出來的口號。

油屋熊八的銅像超可愛，誰說銅像一定要雄壯威武？

當年日本男性到別府都愛飲酒作樂，但油屋熊八卻認為：「旅館是要讓身體休息的地方，想喝酒請到其他地方喝。」所以龜之井飯店不賣酒給客人，為此，他還曾與森永製菓的創辦人森永太一郎吵了一架。

如今的龜之井飯店，雖然調整作法，願意「有限度」地販售啤酒、清酒給客人，但經營方式仍然遵照油屋熊八提倡親子、團體同樂的想法；占地六千坪的龜之井飯店，是別府第一高、第二大的旅館，除了一般旅館常見的單人房、雙人房、家庭房之外，竟然還有六人房、上下鋪的房間，最多一個房間可以住到九個人，而且價格還非常親民呢！

油屋熊八銅像旁邊，另一個引人注目的設施是「手湯」。日本許多溫泉鄉都設有免費的「足湯」，但是很少有「手湯」，別府駅前不設足湯設手湯，彷彿在告訴人們，別府的湯量，真是多到連手都可以泡湯！

駅前高等溫泉　透出大正浪漫氣息

別府駅周圍，屬於別府八湯中「別府溫泉」。在古老的《伊予國風土記》中，即以「速見之湯」之名出現，但是真正受到矚目是江戶時期以後，也是別府八湯的中心地，別府車站附近旅館林立，皆附溫泉設施，更保留了許多從大正、昭和時期就開始營業的公

駅前高等溫泉外觀像幢英式鄉村民宅

駅前高等溫泉

官網：http://kotoonsen.com/index.html

交通：別府駅東口走路 2 分鐘

價格：入湯料 200 日圓，宿泊料金 2,600 日圓

竹瓦溫泉

交通：從別府駅東口走路約 10 分鐘
入浴料：溫泉 100 日圓，砂湯 1,030 日圓
開放時間：溫泉 6:30-22:30，
　　　　　砂湯 8:00-22:30，
每月第三個週三休， 假日的隔日休

竹瓦溫泉內有一般溫泉，也有砂湯

現在看到唐破風屋頂的竹瓦溫泉，是昭和時期改建而成

共大眾浴場，懷舊氣息濃厚。

距離別府駅東口走路僅二分鐘的「駅前高等溫泉」即是其中之一。大正十三（一九二四）年建造的「駅前高等溫泉」，以灰藍色的屋頂、英式鄉村式民宅的外觀惹人注目。

「駅前高等溫泉」可以純泡湯，兩個內湯分屬兩種不同的泉質，其中一個還是檜木風呂；也有和室房間提供住宿，只是設施較為簡單，我在外探頭探腦看了一會兒，發現入住者多半是中學生，或許想要體驗懷舊風的人，可以考慮住住看。

竹瓦溫泉　神隱少女的油屋風情

沿著「駅前通」一直往海邊方向走，看到右手邊有個「竹瓦溫泉橫丁」入口的招牌，走進去，盡頭就是別府溫泉最具代表性的溫泉「竹瓦溫泉」。

「竹瓦溫泉」之所以名為「竹瓦」，緣於早期農漁民為泡湯，僅簡單地在浴池上方，用青竹鋪搭了一個小屋頂；它真正變成一棟建築物，是明治三十五年為了禁止男

女混浴，才蓋成以瓦片做成屋頂的建築物，從青竹屋頂到瓦片屋頂，當地人才為它取名為「竹瓦溫泉」。

「竹瓦溫泉」屬碳酸水素鹽泉，因富含鈉、鈣、鎂等礦物質，據說對治療神經痛非常有效，因此吸引愈來愈多患者來此泡湯治療。大正二年，別府市公所有鑑於夏天時，附近的海浜砂湯非常炎熱，決定在「竹瓦溫泉」內，引入天然的室內砂湯，因此改建為二層樓的建築。這一改變讓竹瓦溫泉大受歡迎，當時「竹瓦溫泉」不但年中無休、終日開放，而且無料收費，吸引了大批的旅館在「竹瓦溫泉」附近建造，成為別府最熱鬧的地點。

現在所看到的御殿式的建築，有著優美的唐破風屋頂，有點類似《神隱少女》中的「油屋」，是昭和時期改建而成。歷經明治、大正、昭和、平成四個時代，就算不進去泡湯，也很值得走過來看看。

別府溫泉小巷散步

從別府駅東口到竹瓦溫泉，沿路會經過許多商店街以及小巷弄，隨意亂走隨逛，頗能感受到別府的「曾經繁華」。

在日本，看到「有屋頂的商店街」，就意味著這條街從以前就是店鋪聚集最多、最熱鬧的街道；別的小鎮，能夠有一條「有屋頂的商

2｜1

1「竹瓦溫泉橫丁」盡頭就是著名的「竹瓦溫泉」

2「竹瓦小路」是現今唯一的木造屋頂商店街

小巷中有小巷，這就是小巷散步的樂趣

店街」，就已經很不錯了！但是別府駅東口這一帶，卻聚集了「ソルパヤオ銀座商店街」、「楠銀天街」、「竹瓦小路」，都是有屋頂的商店街。

但是「ソルパヤオ銀座商店街」內的土產老鋪，如今有許多已拉下鐵門；「楠銀天街」曾經是別府規模最大的商店街，歷經一九九二年商店街大火、二〇〇五年楠溫泉關閉後，商店的數目也急遽減少；當其他的商店街紛紛改成鋼骨結構的屋頂，只有「竹瓦小路」保留了大正時代的木造屋頂，現在雖被列為「竹瓦溫泉」的關聯遺產，走進去，有些店家關起門，看不出是白天還是晚上營業。

對照於「駅前通」寬闊的馬路，兩側商店亮晃晃的招牌，這些商店街似乎在告訴你當年的風光，看到一家和菓子鋪，大門敞開、歡喜迎客，似乎沒被現代化的商鋪擊倒，依然堅守著崗位……

別府塔　電塔六兄弟中的老三

自古以來，人類對於「塔」，似乎有一種莫名的崇拜。埃及的法老王死後要埋藏於金字塔，供奉舍利、法器的佛塔是佛教的象徵；一八八九年峻工的艾菲爾鐵塔，兼具通訊、觀光功能於一身，更在全世界掀起「鐵塔熱」，日本主要城市，幾乎處處皆有塔，別府塔，就是在這股浪潮下，誕生於日本的第三座鐵塔。

翻開日本鐵塔的建造史，有所謂的「電塔六兄弟」，最早誕生的老大是名古屋電視塔，老二是大阪的通天閣，老三就是別府塔，至於老四，則是札幌電視塔，名氣最大的東京鐵塔排行老五，博多港塔是老六；有趣的是，這六座電塔都是出自於同一個人——日本建築構造學者內藤多仲之手，內藤多仲因此被封為「塔博士」。

誕生於一九五七年的別府塔，當初是為了別府溫泉觀光產業大博覽會而興建，雖然塔高只有九十公尺，是六兄弟中最矮的一個，但是登上展望台，三百六十度的視野一舉將別府港灣、別府市街的景色盡收眼底；別府塔還販賣吉祥物「別府三太郎」，長得還頗具喜感呢！

別府駅西口慢慢走

綠の太陽　岡本太郎陶板壁畫

不讓別府駅東口的油屋熊八銅像及手湯專美於前，從別府駅西口走出來，往別府公園的方向，約莫三分鐘，一棟藍、灰色調的樓房牆壁上，出現了奇特的圖案，那是日本前衛藝術家岡本太郎的作品。

別府塔

官網：http://www.递守beepputower.co.jp/
交通：別府駅東口走路 10 分鐘
開放時間：9:00-22:00，週三休
門票：200 日圓

2 | 1
3

1 別府塔是電塔六兄弟中的老三
2 別府塔公仔「別府三太郎」很有喜感
3 登上別府塔，別府灣美景盡收眼底

或許是從小受到漫畫家父親的薰陶，年輕時又旅居法國十多年，岡本太郎的作品，不論雕塑、繪畫、版畫、壁畫、陶瓷、家具，總是帶有強烈的西方色彩與童趣，特異的風格，讓日本藝術界一部分較保守的人士視他為異端，但是他常以：「藝術就是要爆發！」這句話來闡述他的創作理念，他最出名的作品，是一九七〇年為大阪萬國博覽會所創作的「太陽之塔」，現在仍佇立在大阪萬博紀念公園。這幅在大樓側面的陶板壁畫，與「太陽之塔」異曲同工，名為「綠の太陽」，原來這棟大樓建造時是一九六九年，大樓主人佐藤定人找上了岡本太郎，要求為這棟樓設計壁畫，當時岡本太郎正在創作「太陽之塔」，難怪這壁畫的風格，與「太陽之塔」如此神似。

別小看這壁畫，可是出自岡本太郎之手

別府公園　別府賞櫻勝地

位於別府市中心地的別府公園，是一處不用花錢的景點，如果你造訪別府時正值櫻花季，抽點時間來別府公園走走，這裡正是別府市民最喜歡的賞櫻勝地。

別府公園雖然是在明治四十年（一九〇七年）建造完成，成為別府市民主要的休閒地，但是它卻曾經有一段時間是「生人勿近」。因為二次大戰後，這裡曾經被劃為美軍的駐紮地，一九五七年美軍離開後，這裡又做為日本自衛隊的駐屯地，直到一九七六年自衛隊移屯，才歸還給別府市民，重新規劃為別府公園。

與大安森林公園面積差不多大的別府公園，整體規劃雖然簡單，但是綠地、流水、廣場、竹林、櫻花、鬱金香、松林、紫藤、楓葉……，樣樣都不缺，據說當時美軍在此種下的絲柏，還被稱為「日本最早的聖誕樹」。我造訪別府公園時早了些，櫻花還只是花苞，但是池邊小花色彩繽紛，還是有人席地而坐，享受午後的陽光呢！

1/2

1 別府公園櫻花雖未開，但池邊小花依然色彩繽紛

2 別府公園的竹林清幽，引人探勝

到別府下地獄，一次下八個！

任何人遊別府，都不會錯過「地獄巡禮」。坦白說，這些地獄其中任何一個，都能成為吸引觀光客的標的，但別府一口氣竟擁有八個，而且距離如此之近，不能不說老天對別府特別厚愛，讓其他的溫泉鄉，只能氣得吹鬍子瞪眼。

這八個地獄分別集中在兩個區域，在別府駅西口坐往「鐵輪溫泉」方向的龜之井巴士，約莫二十分鐘，在「海地獄前」下車，這裡一次可以逛六個地獄。

海地獄　蔚藍如海

蔚藍如海的溫泉水，是別府八地獄中最美的一個；但別被它美麗的顏色給騙了！池水溫度高達九十八度，遠看時煙霧極大，走近才能看到其湛藍的水色，相傳是一千二百年前鶴見山爆發時形成，現已被指定為國家名勝。

1 海地獄水色湛藍如海
2 海地獄溫度高達 98 度，遠看時煙霧極大
3 鬼石坊主地獄泥漿宛如和尚頭

鬼石坊主地獄　像和尚頭

鬼石坊主地獄是一種泥漿溫泉，因地熱冒出，泥漿湧成大大小小的球狀，乍看之下，有點像和尚的頭，奇特又好笑。鬼石坊主地獄旁，有一個小間歇泉，取名為「鬼的打鼾聲」，噴出的氣體溫度高達一百度。

山地獄　西遊記的火焰山

硫磺氣從怪石嶙峋中噴出，讓人想起《西遊記》中，唐僧取經所碰到的火焰山，剛被芭蕉扇煽熄時，應該就是這幅情景吧？「山地獄」利用溫泉地熱，栽培了許多熱帶植物，在這兒還可看到珍貴的丹頂鶴。

かまど地獄（灶地獄）　六丁目有六奇景

如果你的時間不夠，來不及逛八個地獄，建議你至少要走一趟「灶地獄」，灶地獄全區共有六丁目，可以看到六種奇景。

1 山地獄好像剛熄火的火焰山
2 灶地獄的代表性標誌是二丁目的灶神

一丁目是茶褐色的泥湯溫泉；二丁目的標誌是站在地熱怪石上的紅色灶鬼雕像；三丁目有如同海地獄般藍色的溫泉；四丁目則像鬼石坊主的球狀泥漿，但泥漿呈茶褐色；五丁目的池子雖也是藍色，但一年之中會產生數次變化，忽濃忽淡、忽藍忽青；六丁目的池子更奇妙，相傳最早是灰色，隨著時間一點點地變化成今天的紅色。看完六種奇景，如果覺得累，此處還附設很大的足湯池，讓你好好泡泡腳。

鬼山地獄　可怕的鱷魚園

鬼山是此處的地名，鬼山地獄其實是鱷魚地獄。大正十二年，這裡開始利用地熱養鱷魚，現在已有一百五十隻；此處還有地獄蒸料理，如果肚子餓，吃個地獄蒸地瓜也不錯。

白池地獄　是青色還是白色？

白池地獄也是國家指定名勝，它的特殊之處在於，剛噴出的溫泉水是無色透明，但泉水遇到空氣落下時，卻變成了青白色；白池地獄另外有個熱帶魚館，也是利用溫泉地熱來養熱帶魚。

1 灶地獄四丁目的泥漿與鬼石坊主地獄有點像，但顏色不同

2 看完灶地獄六個奇觀後，還可泡足湯

▲鬼山地獄就是鱷魚地獄，最為恐怖
◀血之池地獄，池水色紅如血

逛完了六個地獄，可在「鐵輪」巴士站，繼續坐龜之井巴士（16番號），不到十分鐘，在「血之池地獄」下車，這裡有兩個地獄，都已被指定為國家名勝。

血之池地獄　色紅如血

是日本最古老的地獄，最早出現《豐後國風土記》中，當時稱為「赤熱泉」；池底赤紅色的黏土所製成的「血之池軟膏」，因富含礦泥、硫黃，殺菌力極強，據說對治療皮膚病非常有效，是別府著名的特產。

龍卷地獄　一噴沖天

龍卷地獄其實就是間歇泉，每隔三十到四十分鐘，地底下的熱水就會噴出，噴出時間短則六分鐘，長達十分鐘，且溫度高達一百五十度；此處亦附設土產賣店，在等待泉水噴出時，可利用時間shopping。

兩個區域共八個地獄，全部逛完至少需時三小時，每個地獄的參觀門票都是四百日圓，但每個地獄都可購買「八個地獄參觀共通券」，只要二千一百日圓，如果想要再省錢，可在別府地獄周遊官網中列印優惠券，再享一〇％折扣。

自己動手地獄蒸　好吃又好玩

沿著鐵輪巴士站旁的いでゆ坂而下，走到「地獄蒸し工房」時，剛好一陣蒸氣從石板中的縫隙冒出來，在鐵輪，處處都可以見到蒸氣從地上噴出的奇景。

從江戶時代起，鐵輪地區的人們已經知道如何善用這股天然蒸氣，除了保健入浴之外，還可以用來加熱食物，所謂的「地獄蒸料理」，其實就是蒸食。

位於いでゆ坂中段的「地獄蒸し工房」設施很完善，只不過，在這裡想要吃地獄蒸料理，得自己動手來，從點單到下鍋，一切採自助式，其步驟如下：

先買「地獄蒸し釜基本使用料」：先在自動販賣機購買「地獄蒸し釜基本使用料」，也就是盛裝食材的竹籃、篩網、蒸氣灶的使用費，最基本的是三十分鐘五一〇日圓，如果你一次要蒸三、四組食物，就得買八二〇日圓的大蒸釜。多數食材在三十分鐘內就會蒸熟，如果食材蒸熟的時間會超過三十分鐘，工作人員會告訴你，再補買「延長使用料」即可。

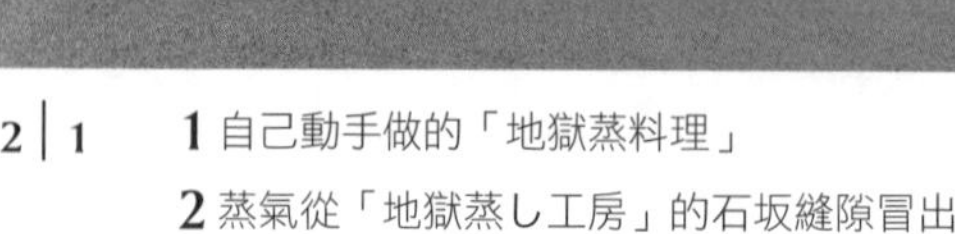

2 | 1

1 自己動手做的「地獄蒸料理」

2 蒸氣從「地獄蒸し工房」的石坂縫隙冒出

2 | 1

1「地獄蒸し工房」有好幾個大鍋爐

2「地獄蒸料理」是吃食材原味

在自動販賣機點菜：各種食券也是在自動販賣機購買，肉類、海鮮、蔬菜……什麼都有，販賣機旁有一個大看板，每種食券包含哪些東西，照片拍得一清二楚；正在猶豫時，看到「本日推薦」的品項是豬肉片，立刻做了決定，再加一個野菜set，兩個人吃差不多。

去櫃台領食材、器具：櫃台人員會依照你所購買的食券，幫你把各種食材配放在竹籃等器具中，並帶你去找蒸灶的工作人員。

自己動手蒸：不同食材蒸熟的時間不一樣，工作人員會協助你「分類」好各種食材，並給你計時器，告訴你在幾分鐘之後，你要回來拿雞蛋，幾分鐘後你要回來拿豬肉……，戴上手套打開爐灶時要小心，蒸氣會像火山爆發一樣往上衝。

等待時間拿碗筷：別指望有人會幫你拿碗筷，所以要喝茶、要沾什麼調味料都得自取，調味料也很簡單，只有醋、鹽、醬油。

時間到依序領回食材：沒有人會幫你注意時間到了沒，計時器的時間一到，得自己回去領蒸好的食材，所以別聊天聊得太高興，忘了時間，蒸過頭就不好吃了！

吃完地獄蒸，逛逛いでゆ坂

「いでゆ坂」是鐵輪溫泉主要的觀光街道，除了「地獄蒸し工房」之外，旁邊還有「鐵輪足湯」，但和其他地方不同的是，鐵輪足湯除了可以泡腳，還可以「蒸腳」。

蒸腳時，除了蓋上蓋子，還要把毛巾塞住縫隙，否則蒸氣會跑掉，如果覺得太熱，可以打開蓋子透透氣，自行調節溫度。

沿著「いでゆ坂」再往下走，就會來到鎌倉時代一遍上人所開發的「鐵輪むし湯」，日本歌誦鐵輪溫泉有所謂「湧出一夜千兩的湯」，就是發源於此。

1 鐵輪足湯還有「蒸腳」設備
2 一遍上人所開發的「鐵輪むし湯」
3 「いでゆ坂」是鐵輪的主要觀光街道

自己洗碗盤：吃完後，別拍拍屁股就走了！請記得，所有碗盤得自己拿去洗。

「地獄蒸料理」吃的是食材原味，頂多沾點調味料，本來我對它的美味並不抱期待，哪知道，只是如此單純的料理方法，豬肉片與蔬菜都非常好吃，其中最棒的是玉米與紫芋，甜得不得了！

最後吃完時，一向負責洗碗的老公，邊洗邊叫：「嗚……嗚……嗚……，為什麼我在台灣要洗碗，到日本還是要洗碗？」

要拍「失火照」，來這裡就對了！

許多旅遊書中講到鐵輪溫泉，常會出現這樣的照片：在林立的樓房裡，湯煙從中竄起；想拍如此經典的「鐵輪失火照」，究竟該在哪裡拍呢？

我從別府觀光協會的網站上找到「溫泉之霧展望台」（湯けむり展望台），但是交通方式卻寫得很簡單，到了「鐵輪巴士案內所」，詢問站內窗口的大叔，大叔攤開龜之井巴士的路線圖說明，一句：「むずかしいね！（困難）」害我心涼了半截。依大叔的指示，在案內所對面的巴士站（往血之池地獄的方向）坐了二站，在「貴船城入口」下車，還好，這裡有個往「湯けむり展望台」的指示牌，並不會搞錯。

大叔說，這一段路大概要走十分鐘。一路上人、車並不多，途經金白龍王鎮座的「貴船城」，「貴船城」位於山腰高台，一樣可以賞到鐵輪湯煙裊裊的美景，但我懶得爬坡，繼續直進，看到指示牌再右轉，沒多久，就到了「湯けむり展望台」。大叔，其實沒有很難嘛！

但是到了「湯けむり展望台」，我傻了眼！此刻是下午，天氣極好，但是從「湯けむり展望台」望向鐵輪溫泉的角度，卻是個大逆光，陽光強烈到我根本睜不開眼，原來要看湯煙奇景，得上午來，陽光的角度才會對。

悻悻然地走回巴士站，嘿！最近的一班車要等五十分鐘，心一橫，乾脆走回「鐵輪」，反正才二站，沒想到走回「鐵輪」的途中，太陽在身後，正好可以看到我嚮往已久的鐵輪溫泉奇景，老天，果然疼惜散步人啊！

下午來「湯けむり展望台」，會碰到大逆光！

湯之花小屋　天然的化學工廠

明礬溫泉是別府八湯中比較遠的一個，坐著龜之井巴士緩緩爬上山坡來到「湯の里」，突然之間，四周的東方面孔講的卻是韓語，相較於其他的觀光地，這裡似乎韓國人特別多。

「湯の里」至今還保存著約五十棟「湯の花小屋」，茅葺的小屋是江戶時代溫泉湯花的製作工廠，明礬溫泉地熱旺盛，小屋內地上鋪著一層栗石，再覆蓋上青黏土，運用從地底冒出的硫磺熱氣製成結晶，據說這種結晶體一天可以長出一公分，大約四十到六十天，就可以完成一塊天然的入浴劑，因此「湯之花小屋」又有「天然的化學工廠」之稱。

明礬溫泉的泉色帶藍，想要體驗古代泡湯的氣氛，可以在獨棟的湯之花小屋泡「家族湯」，喜歡開放感的，可以往上爬到「大露天風呂」，還能眺望遠處的明礬大橋。

逛完「湯の里」，返回別府駅的巴士站，在斜對面的「岡本屋」賣店旁，剛好可以買個此地名物「地獄蒸布丁」來吃。「地獄蒸布丁」的味道很復古，是我所喜歡的那種口感較硬、焦糖苦味較重的雞蛋布丁。

湯の里

交通：坐龜之井巴士往明礬溫泉，在「地藏湯前」下車即達

「湯の里」至今還保存著約 50 棟的湯之花小屋

這不是埋屍，是泡「砂」！

嚇！這在埋屍嗎？

別誤會，這可是別府八湯中，龜川溫泉最有名的「海浜砂湯」！二〇一〇年我一到別府，把行李寄放在火車站的寄物櫃後，立刻跳上龜之井巴士，直奔這個市營溫泉「海浜砂湯」。

換好了浴衣，依照工作人員的指示，躺在沙灘上，一群歐巴桑就開始一剷一剷地把砂往我身上堆，頓時有一種被「活埋」的感覺，只不過，這種「活埋」很舒服，砂子溫溫熱熱的，頭靠在木枕上，海風徐徐吹在臉龐，恍忽之間，差點睡著……

陰天在海邊泡「砂」，舒服自不在話下；如果出大太陽，工作人員還會幫你撐洋傘，就算碰到下雨也不用擔心，二〇〇二年「海浜砂湯」增設了可動式屋頂，設備雖然簡單天然，卻一點也不馬虎。

十五分鐘一到，工作人員把我叫醒，從砂堆中爬起來，我不但復活了，而且還神清氣爽！

在附設的澡堂洗去身上的細砂後，走出來，仔細打量這「海浜砂湯」，原來砂子之所以溫熱，是因為砂灘底下有溫泉冒出，但工作人員仍要不時地把砂子剷進溫泉中加熱，再剷出來蓋在遊客身上，其實挺辛苦的。

工作人員一剷一剷地把砂往身上堆，活像在埋屍

別府海浜砂湯

交通：在別府駅東口坐龜之井巴士，約 15 分鐘，在「六勝園」下車

開放時間：3 月至 11 月 8:30-17:00，12 月至 2 月 9:00-16:00，每月第四個週三公休

入浴料：1,030 日圓

大到不像話的杉乃井大飯店

如果不是為了這個「棚湯」，我想，我怎麼也不可能會住進杉乃井大飯店，因為它真的是一個「大」飯店，大到令人走得腳痠！

位於觀海寺溫泉的杉乃井大飯店到底有多「大」？「本館」與「花館」兩棟建築共六百多間房間，裡頭附設商店街、保齡球館、桌球、遊戲機台、卡拉OK，夏天時還有水上樂園；換上浴衣後，我從「本館」的房間，依館內指示牌走到露天風呂「棚湯」，就足足走了二十分鐘！但是「棚湯」的景色真美！梯田般的五層浴池，把別府灣與觀海寺溫泉的街景盡收眼底。

「棚湯」是入住杉乃井大飯店最主要的理由

一九四四年開業的「杉乃井大飯店」，其實是別府觀光發展的縮影。別府觀光一向以團體客為主，憑藉積極的廣告行銷手段，杉乃井曾經是關西遊客到別府住宿的首選，但一九八〇年以後，團體旅遊逐漸式微，杉乃井一度陷入經營困境，負債高達一百三十七億日圓，幾乎面臨破產。

直到二〇〇三年新建了「棚湯」，並針對高齡者、親子等不同的客層改造了各種和、洋風格的房型，加上中低的定價策略，杉乃井大飯店才起死回生。杉乃井雖然有五間餐廳，但我像大多數人一樣，選擇較便宜的 Buffet 住宿方案，自助餐當然不會有極緻美味，但看到什麼都拿一點來吃，也是飽得不像話！

杉乃井大飯店

官網：http://www.suginoi-hotel.com/

交通：別府駅西口有接送巴士，從 8:45-21:15 每 15 分鐘一班　價格：一泊二食 9,000 日圓起

別府交通攻略

從博多到別府，JR特急音速號最方便

從博多到別府，最快速的方法是從博多坐新幹線到小倉，再換JR特急ソニック（sonic，音速號），車程僅一個半小時。

但可惜的是，從博多到小倉這一段的新幹線，雖在九州境內，卻不屬於JR九州，屬於JR西日本的山陽新幹線，因此購買全九州或北九州JR Pass的人，這一段山陽新幹線要另補差價（二一一〇日圓，可不便宜）；持全國版JR Pass，可以搭乘山陽新幹線，但是班次最多的のぞみ（Nozomi，希望號）與みずほ（Mizuho，瑞穗號）卻不能搭，所以有點麻煩。

那倒不如直接在博多駅，坐JR特急列車ソニック（sonic，音速號）了！沿著九州東部行駛的JR特急音速號，每半個小時就有一班，省去換車的麻煩，到別府車程約二小時；更重要的是，任何一種JR Pass都能坐，也有自由座不用劃位，因此以時間、班次、JR Pass的方便性綜合判斷，音速號堪稱是從博多到別府，最方便的列車。

音速號藍色金屬質感的車箱，有點像變形金剛，座椅枕頭又設

2 | 1

1 到別府，坐音速號最方便

2 音速號的坐椅枕頭像米老鼠的大耳朵

計成像米老鼠的大耳朵，是一部很可愛的列車。

看懂 Guru Spa 巴士路線圖，自由搭配路線巴士

至於別府境內的交通，主要靠「龜之井巴士」串連各個景點，一開始，我被「龜之井巴士」又多又複雜的路線搞得頭昏腦脹，以「鐵輪溫泉」來說，別府駅的東口、西口就有不同路線的龜之井巴士可以到達，後來把心一橫，到了別府後，直接向觀光案內所報到，告訴服務小姐我要去的地點，小姐拿出地圖說明，五分鐘就搞定！

事實上，對觀光客而言，最容易理解別府景點路線的方法，是乘坐龜之井的ぐるすぱ（Guru Spa）巴士，紅色車體的 Spa 巴士是在別府駅西口搭車，直達鐵輪溫泉與明礬溫泉；綠色車體的 Guru 巴士則是在別府駅東口搭車，走的是環狀線，經北浜、流川通、觀海寺溫泉、鐵輪、血之

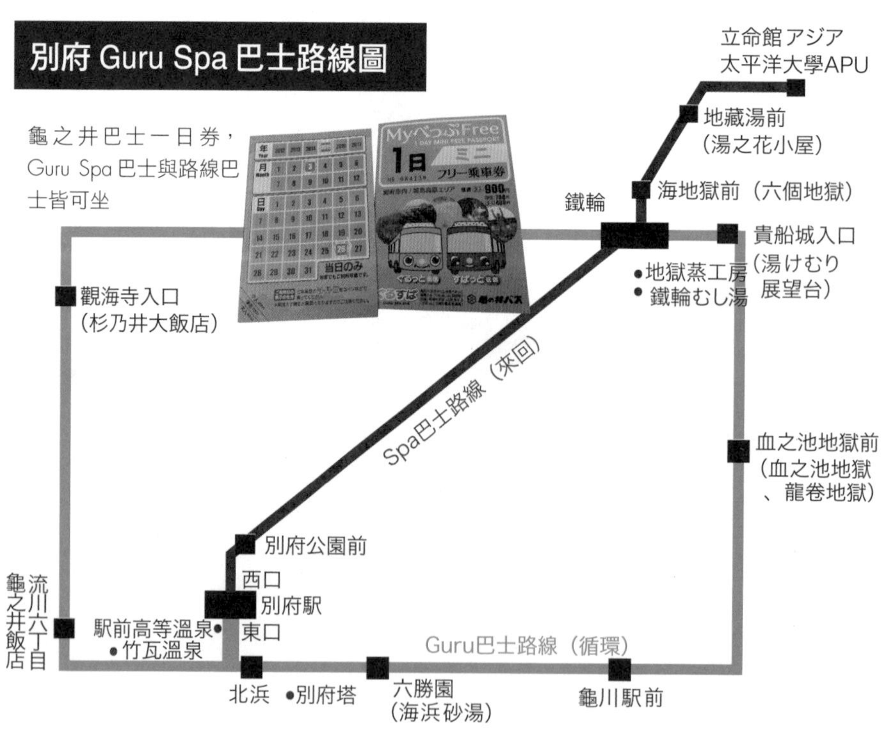

池地獄、龜川駅，再返回別府駅，雖然綠線也有到鐵輪溫泉，但是車程較遠。

看懂 Guru Spa 巴士的路線圖之後，就不一定要坐紅、綠車體的觀光巴士，畢竟這種觀光巴士的班次較少，搭配班次密集的路線巴士（藍、白色車體），暢遊別府更自在，反正購買龜之井巴士一日券、二日券，Guru Spa 巴士及路線巴士都可以坐。

只玩地獄巡遊，不用買一日券

龜之井巴士有一日券與二日券。不論一日券或二日券，都分成「迷你版」及「廣域版」兩種。「迷你版」已概括別府大部分的景點，但如果你要從別府到湯布院，或想要去九州自然動物公園，就要買廣域版的乘車券；除了別府駅之外，北浜巴士中心、鐵輪待合所、由布院駅前巴士中心都可以買到。

龜之井巴士一上車的起跳價是一四〇日圓，如果你只玩地獄巡禮，從別府駅坐到「海地獄前」一次看六個地獄，車資是三二〇日圓；要再看「血之池地獄」、「龍卷地獄」，就要從「鐵輪」再坐一段巴士到「血之池地獄前」，看完八個地獄返回別府駅，車資共八五〇日圓；以此觀之，如果還要再玩一個景點，買「迷你版」一日券才划算。

不過，並非所有的景點都需要坐巴士，別府駅附近就有「駅前高等溫泉」、「竹瓦溫泉」、「竹瓦小路」、「別府公園」、「別府塔」，這些都是步行距離約十五分鐘左右可到達的景點。

風格小鎮 三 湯布院

每個OL都會愛上的湯布院

如果說，別府是屬於男性的溫泉鄉，那麼，湯布院，就是屬於女性的溫泉鄉。

許多人搞不清楚，到底是「湯布院」，還是「由布院」？其實，「湯布院」是昭和三十年（一九五五年）才誕生的名字。之前，在「由布岳」腳下，這個以金鱗湖為中心的小鎮，叫「由布院溫泉」，因為與「湯平村」合併才改了名；日文「由」與「湯」，發音相同，唸起來都是（ゆふいえん，Yufuin）所以[illegible]甚至火車站[illegible]沿用舊名。

比起叫它「由布院」，我更喜歡「湯布院」這個名字。一字之差，「由布院」讓人覺

2 | 1

1 從車站出來的「由布見通」可看到雄偉的由布岳

2 一出由布院駅，悠揚的音樂正迎接著旅客

得雄糾糾氣昂昂，「湯布院」卻顯得溫柔婉約，且有個「湯」字，一看，就知道它是個溫泉鄉。

湯布院，有大自然的綠意圍繞、有寧靜的小鎮氣氛、有一間間品味獨具的旅宿，還有熱鬧卻不失趣味的個性商店……，難怪它會成為日本OL票選第一名最喜愛的溫泉鄉，但是成就湯布院如今的樣貌，不得不感謝三個旅館的老闆——前「龜之井別莊」主人中谷健太郎、前「玉之湯」主人溝口薰平、前「夢想園」的老闆志手康二。

一九七〇年，日本各地的溫泉鄉，為了迎合男性上班族的需求，紛紛興建了不少以團體客為主的溫泉旅館；就像湯布院隔壁的別府，溫泉量日本第一，理所當然地成為日本溫泉鄉的代表地；是幸也是不幸，湯布院因為有「由布岳」這座活火山，溫泉湧出量是日本第三，泉源數僅次於別府，是日本第二，但是不管第二還是第三，比溫泉，湯布院就是比別府矮一截，更何況，兩個溫泉鄉，距離這麼近，坐JR特急列車不到一小時，就算坐普通車，也只要一個半小時，那麼這個小鎮，該如何

下午從別府駅出發至湯布院，從由布院駅散步至湯之坪街道，買「B-Speak」蛋糕卷，逛 Yufuin Floral Village，在史努比茶屋或金鱗湖畔喝咖啡，晚上到「玉之湯」吃晚餐。

宿：Spa Lodge Shiroi Branco

1 這個長得很像大顆的章魚燒，是湯之坪街道最新最紅火的小吃

2 龜之井別莊是湯布院「御三家」之一，前主人中谷健太郎對湯布院發展功不可沒

發展呢？

當時，中谷健太郎剛從父親手上繼承了「龜之井別莊」，溝口薰平也開始參與經營妻子娘家開設的「玉之湯」，能眺望由布院盆地的「夢想園」也由年輕的主人志手康二接手，但是在別府「溫泉量日本第一」的威脅下，竟面臨週末沒有客人訂房的窘境；那時，湯布院一年觀光客人數不到三十萬人次，為了挽救生存危機，一九七一年，這三個年輕人決定飛到歐洲旅行五十天，走訪九個國家，他們不是為了遊山玩水，而是想為自己的家鄉，尋找一條出路。

終於，在德國的巴登維勒（Badenweiler），他們找到了湯布院得以借鏡發展的藍圖——綠意、寧靜、廣闊；誰說溫泉鄉一定得夜夜笙歌？誰說溫泉鄉就是男人的歡樂街？

回到湯布院，他們聯合當地觀光業者，把在巴登維勒的所見所聞與其他旅館業者分享，他們決心把湯布院打造成以女性客層為主的溫泉小鎮，溝口薰平說：「我們的造鎮計畫的原點，就是保持視野遼闊，避免由布院

坐込馬車遊覽湯布院田園風光，參觀「空想之森 artegio」美術館，排隊吃「湯布院牛まぶし」，遊大分川沿岸至「民藝村」，到 café 鞠智喝咖啡賞由布院山色，坐「由布院之森」返回博多。

在金鱗湖畔
喝咖啡很享受

「湯之坪街道」是湯布院必遊之處

主要祭典

4 月：由布院溫泉祭

8 月：8/15 - 8/16 由布院盆地祭典，8/27 - 8/31 由布院映畫祭

每個月：均舉辦「由布院溫泉神樂」公演

的景觀受到遮擋。」

為了保留自然風光，他們拒絕大型開發計畫，如高爾夫球場的進入，還規定一千坪以上的開發計畫需要經過審核，導引想要開店、蓋旅館的店家，在蓋房子的時候得兼顧原來的景觀，當時，他們甚至嚴格規定，建築物高度不能超過十公尺。

為了創造屬於湯布院的自我風格，他們嚴格規定，小鎮內不能有特種行業，一到晚上就禁止車輛進入，除此之外，他們還組織觀光協會舉辦電影節、音樂祭，到如今，更進一步組成「由布院料理研究會」，在地產地銷還不流行的時候，他們就已經開始研究如何運用當地食材，做出美味

湯布院景點位置圖

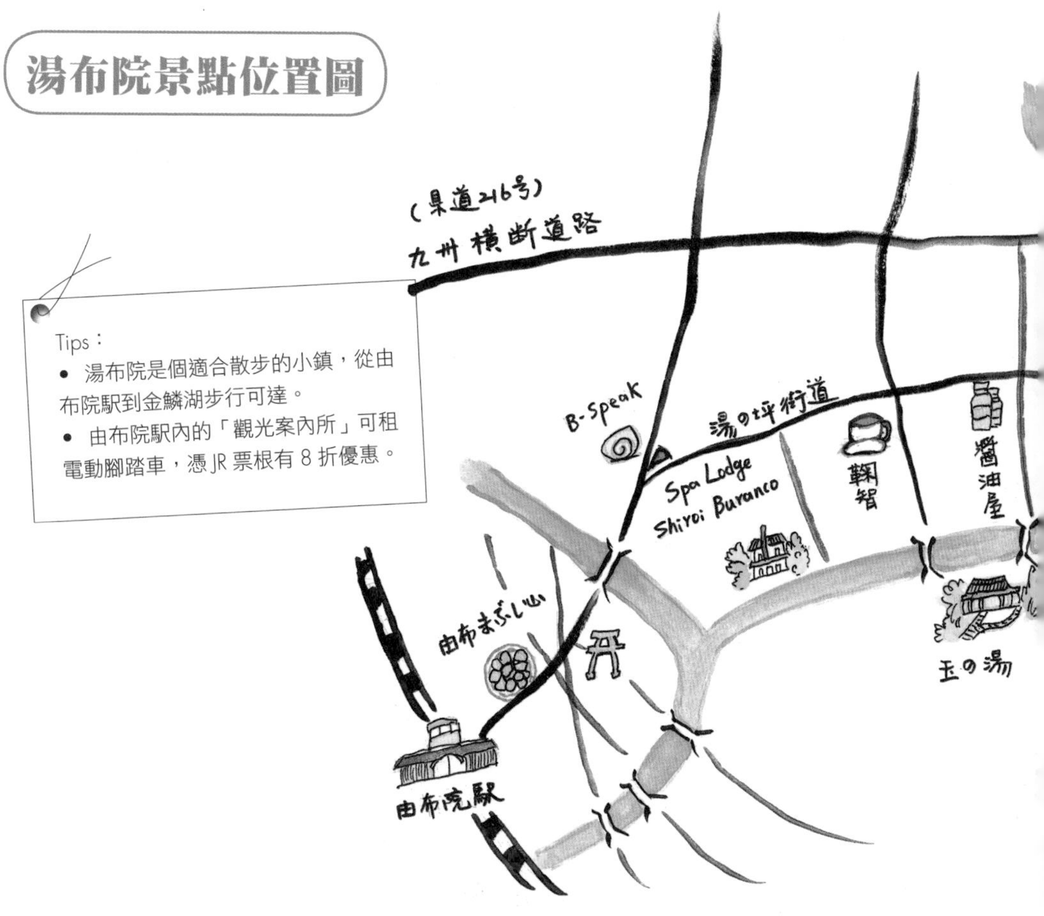

Tips：

- 湯布院是個適合散步的小鎮，從由布院駅到金鱗湖步行可達。
- 由布院駅內的「觀光案內所」可租電動腳踏車，憑 JR 票根有 8 折優惠。

的料理，還不藏私地把自家菜單拿出來，讓彼此得以區隔，提供不重複的料理。

事實證明，這三個年輕人走的路線是對的！如今的湯布院，已變成比別府更令人嚮往的溫泉小鎮。我後來在輕井澤遇到一個日本人，聊起了我這次的「十大風格小鎮之旅」，他一聽，我又玩輕井澤，又玩湯布院，竟脫口而出說：「哇！湯布院耶！你很有錢喔！」急得我連忙搖頭，直呼：「我沒有住湯布院御三家啦！」

顯然，湯布院，在日本人的心目中，已經是「高級溫泉度假地」的代名詞。

坐込馬車，遊覽最古老的湯布院

就在前「龜之井別莊」主人中谷健太郎、前「玉之湯」主人溝口薰平、前「夢想園」的老闆志手康二，從歐洲返回，決心把湯布院打造成一個寧靜自然的度假小鎮時，天不從人願，老天此時卻澆了他們一盆冷水！

一九七五年，大分縣中部發生地震，由布院被列為災區，沒人敢來由布院玩。

但是他們不氣餒，為了吸引觀光客，他們仿照歐洲，想出了「込（ko）馬車」的噱頭，吸引不少年輕女孩與小孩。如今，一出車站，立刻就看到白色的駿馬拉著木製的車箱，蹄聲達達，四十多年來，已成為湯布院街道上獨有的音樂。

有別於個性商店林立的街道，「込馬車」走的路線是從由布院駅出發，到佛光寺、宇奈岐日女神社，繞一圈再返回車站。五十分鐘的行程，讓你飽覽湯布院的田園風光，彷彿回到了古老的湯布院。

這是一條帶領觀光客回到湯布院原點的觀光路線。

現在的湯布院盆地，傳說最早是一個大湖，宇奈岐日女神找來一個大力士，劈開湖泊，讓水流向別府灣，變成一個大窪地，沒想到湖底藏了一條龍，失去湖水的龍法力盡失，要求女神讓它保有一小塊水塘，女神看龍可憐，答應了龍的要求，這個小水塘，就成了現在的金鱗湖，女神還教周遭的人們開始種植農作物，村民從此安居樂業，所以宇奈岐日女神，也是由布院的「開墾之神」。

込馬車是 1975 年大地震後，為招徠觀光客所想的奇招

込馬車

運行時間：每年 3 月 1 日開始，
到隔年 1 月上旬，9:00-16:00

購票方法：一天有 15 個班次，可以在車站內的「由布院觀光案內所」預約，只可預約當天的班次

車資：中學生以上 1,600 日圓，
小孩 1,000 日圓

由布まぶし心　粗獷中透細緻的釜飯

講到釜飯，一般想到的多是「以鐵鍋煮的炊飯」，但是比起鐵鍋煮的，我更偏愛土鍋煮的飯。土鍋導熱速度雖比鐵鍋慢，但高溫程度與保溫能力都比鐵鍋好，所以煮出來的飯溼潤飽滿，比鐵鍋好吃，「由布まぶし心」的豐後牛、鰻魚、地雞三種釜飯，都是以土鍋來煮。

釜飯現點現煮，等待時間較久，因此「由布まぶし心」特別設計了前菜，原本以為這前菜是為了「打發時間」，但端上來時我嚇了一跳！雖是一種一口，卻高達十種之多，每一種都做得十分精細，還沒吃到釜飯，就已經對「由布まぶし心」充滿好感。

終於等到土鍋端上桌，鍋蓋一掀開，熱氣直往上衝。依照店家的指示，把釜飯分成三份：第一份，先吃原味；第二份，可以搭配漬物與桌上的醬汁；第三份則是加入高湯，以茶泡飯的方式來吃。

本來看到飯上鋪滿的豐後牛時，覺得似乎烤得太老了，有點擔心地吃了一口，沒想到油脂還蠻豐富的！鰻魚烤得比較焦脆，但醬汁味道比想像中清淡，難怪桌上放著不同種類的釜飯醬汁，讓客人在吃第二碗時自行添加。

「由布まぶし心」的釜飯表面粗獷，實際上卻很細緻，當我吃完結帳時，看到從二樓排隊到一樓的客人，真想告訴他們：「這家絕對值得你花時間排隊！」

「由布まぶし心」的釜飯是一鍋一鍋現點現煮

由布まぶし心

官網：http://ichiba.geocities.jp/ggkbh080/

地址：大分縣由布市湯布院町川北 5-3 2F

營業時間：11:00-16:00　17:30-21:00，週四及每月第三個週三休

七百公尺的「湯之坪街道」，怎麼走也走不完

「湯之坪街道」是湯布院的心臟，這一條小巷子全長七百公尺，走到盡頭再往右就是金鱗湖，但是很奇怪，這七百公尺，怎麼走，就是走不到金鱗湖！

因為這條小路，有太多「路障」。

所謂的「路障」，就是一家家迷死人的個性商店。湯布院觀光網站上建議，「湯之坪街道」散策時間，大約要花三小時；三小時？這應該是很有定力的人吧！

日本許多觀光地的商店街，都會販賣當地的土、特產，商店雖異，商品卻難免雷同，唯獨「湯之坪街道」，不管是賣吃的，還是賣雜貨，竟可以做到絕無重複，可見當地發展觀光是多麼地用心！

我才走進湯之坪街道，立刻就被前面幾家店吸引，一不小心就泡了一個多小時，想想後頭還有那麼多家個性商店，讓我忍不住大喊：「金鱗湖怎麼這麼遠？好像永遠走不到！」

湯之坪街道很容易迷失，讓人逃不出去

1 B-speak 裝潢得很簡單
2 B-speak 就在湯之坪街
3 B-speak 的蛋糕卷 P-roll 蛋香四溢適入口

B-speak 第一名的蛋糕卷

B-speak 是湯布院御三家之一「山莊無量塔」所經營的蛋糕卷專賣店，每天限量的蛋糕卷——P-roll，如此簡單，卻不得了的好吃，不但充滿雞蛋的香味，所用的鮮奶油，更是不加任何人工添加物的「純」鮮奶油，難怪常常不到中午，就賣光了！

二〇一〇年我到湯布院時，雖然一下車就奔 B-speak，可惜賣光了，還好可以預約隔天取貨，第二天一大早，即使才吃完早餐，肚子還很飽，還是三兩口就把蛋糕卷給吃個精光；這回重訪湯布院，再吃，依然覺得齒頰留香；也許 B-speak 的蛋糕卷實在太出名了，湯布院許多甜點店，也都紛紛仿效賣起蛋糕卷，搞得蛋糕卷簡直就像湯布院的土產。

「由布院之森」餐車上也有賣這款蛋糕卷，但只有在從由布院出發到博多的列車上才有賣，所以沒買到蛋糕卷的人，記得一上車，趕快到餐車報到，否則一下子就賣光了！

鞠智 Cafe　春秋草地大不同

「咦？那片綠色的草地怎麼不見了？」一走進「鞠智 Café」，我立刻嘟嚷了起來，「鞠智」是我非常喜歡的咖啡館，其實「鞠智」主要販售的商品是果醬，但是店面分成兩側，一邊賣果醬，一邊經營咖啡館，我特別喜歡它的戶外座位區，一片寬闊的草坪，視野極佳，記得二〇一〇年秋天造訪時，綠草如茵，這次是春天來，怎麼草的顏色完全變了樣？

我怕記憶錯誤，回家立刻翻出以前拍的照片，兩相對照，果然，記憶無誤，顯然小草才剛剛從嚴冬中甦醒，還沒完全回過神來；雖然「綠草如茵」變成了「枯黃草地」，但我還是喜歡坐在這裡喝咖啡，畢竟，這樣的景色，誰能抗拒？

醬油屋本店　農舍風十足

走在湯之坪街道上，很容易被農舍氣息的「醬油屋本店」吸引，從門口掛的醬油瓶招牌、寫著「ゆず（柚子）醬油」的白燈籠，都在召喚著你進去好好逛一逛，這家店不論外觀、店內、產品包裝，都古趣盎然；除了各式醬油外，也販賣各式調味料，琳瑯滿目，讓人看得眼花瞭亂，真是不知該買些什麼才好。

鞠智 Café 的入口，有種魔力吸引人一探究竟

秋天的鞠智 Café 綠草如茵

史努比茶屋　新興人氣喫茶室

沿著湯之坪街道過了小河，突然看到一個史努比公仔，嘿！上次來湯布院時，還沒看到這間史努比茶屋，沒想到，現在已經是湯布院人氣超旺的喫茶室。

這間史努比茶屋很有氣勢，分成外賣小鋪、公仔店與茶室三個部分。茶室人氣很旺，常常需要等位子，我在造訪湯布院第二天上午進來，沒多久，就已經滿座了！原來這裡除了各式抹茶甜點、史努比拿鐵之外，中午還賣有史努比頭型的「史努比蛋包飯」！

那麼可愛的史努比，當然要點份甜點飲料來吃

想想日本人也真厲害，什麼東西都可以和抹茶搞在一起，點一杯史努比抹茶拿鐵，突然覺得，史努比好像變成一隻日本狗了！

湯之坪橫丁　自成一區的美食土產街

「湯之坪橫丁」是在湯之坪街道中的一塊U型區域，入口處是一間小魚吃腳皮的店家，總是吸引許多小朋友，脫下鞋子享受那獨有的觸電感。

湯之坪橫丁充滿江戶風情

各式各樣的醬油琳琅滿目

「蜂の巣」的大片玻璃與杉木，很惹人注目

裡面匯聚了不少食肆、喫茶、土產、雜貨，還有賣豆腐冰淇淋，但是愈往裡走，人愈少，彷彿是獨立於人潮洶湧的湯之坪街道，一個安靜的小區。

蜂の巣　月點波心溫暖透亮

走在湯之坪街道上，你一定會被一間販售各種家具、木製品的建築吸引，那是東京藝術大學教授黑川哲郎的作品，整棟建築物以不對稱的玻璃帷幕與大分縣的杉木建造而成，顯得透亮又溫暖，這棟建築名為「月點波心」，取自白居易描寫杭州西湖春景的《春題湖上》，其中的「松排山面千重翠，月點波心一顆珠」，想來是把金鱗湖想成西湖，而有此感吧！

「湯之坪街道」有趣的商店真是逛也逛不完，記得多留一點時間慢慢逛，光是這條街，就迷死每個OL了！

看金鱗湖，坐這裡最棒！

就在我好不容易「殺」出湯之坪街道，終於走到金鱗湖時，突然瞥見一個露台上有幾張咖啡座椅，我連招牌也沒看，立刻衝進去！剛好露台區有客人剛離開，我幸運地就在這綠色洋傘下，好整以暇地欣賞金鱗湖的美景。

原來這間咖啡館叫做CAFÉ LA RUCHE，是金鱗湖夏卡爾美術館（MARC CHAGALL MUSEUM）附設的咖啡廳，我對這位俄羅斯超現實主義畫家真是感到抱歉，壓根就沒有進去美術館，只因咖啡館的位置太棒，金鱗湖的湖光山色，完全盡收眼底。

在由布岳山腳下的金鱗湖，原本叫「岳下池」，明治十七年，儒學家毛利空桑到此遊覽時，看見湖中魚兒躍上水面，魚鱗在陽光下閃閃發光，才取了「金鱗湖」這麼美的名字；都說金鱗湖在秋冬的清晨，因溫泉水注入湖中，加上低溫的空氣，令湖面上霧氣裊裊，最是美麗；此刻是下午，天氣晴朗當然看不見一絲霧氣，但金鱗湖仍然小巧動人，美得明亮。

擁有這麼棒的景色，這間咖啡館當然很熱門，從早上開門到打烊，露台區永遠坐無虛席，所幸客人來來去去，流動得很快，但是想要坐在露台第一排的「特等席」，還是得有點運氣才行。

CAFÉ LA RUCHE 是夏卡爾美術館附設的咖啡館

CAFÉ LA RUCHE
官網：
http://www.chagall-museum.com/
營業時間：9:00-17:30，不定休

音樂與書籍交融的空想之森 artegio 美術館

坦白說，會跨過縣道，沿著鳥越地區的山路往上爬，原來我只是想去瞧瞧「山荘　無量塔」長得是什麼樣子？但也慶幸自己走了這段小山路，覺得此處氣氛更恬靜悠閒。

走到「山荘　無量塔」，光是看到幾幢做為獨立客房的茅葺屋頂建築，沉穩莊重的氣派，就讓人卻步，還好，旁邊的「空想之森 artegio 美術館」清新可愛。

「空想之森 artegio 美術館」，是「山荘無量塔」提案設置的美術館。從空間設計到展品規劃，以 A（Art，藝術）、B（Book，書）、C（Chant，音樂）、D（Drink，餐飲）的元素結合在一起，比方說，最令人矚目的是，一件由數百片透明壓克力交疊而成的樂譜，偌大的空間還放了一架鋼琴，原來這個空間平時除了做為展間之外，也可以租借舉辦音樂會；美術館大部分的展品都與音樂有關，二樓的一間休息室，擺放了許多與音樂有關的書籍，當然還有時尚風格十足的餐廳。

「空想之森」美術館本身就像是一件藝術品，建議你花點時間走到這個地方來，你會發現與湯之坪街道，完全不同的湯布院。

空想之森 artegio 美術館

官網：http://www.artegio.com/

開放時間：10:00-17:00，不定休　門票：600 日圓

山荘無量塔沉穩莊重

美術館內有一件數百片壓克力做成的樂譜

湯布院的M型旅遊法

住不起御三家，總吃得起吧？

湯布院，該住哪裡呢？

這個問題著實困擾我很久，一開始，我在「御三家」中猶豫不決，到底該選自然清新的「玉之湯」？還是曾經是「別府恩公」油屋熊八招待貴客的「龜之井別莊」？最後，古典與現代兼具的「山莊無量塔」吸引了我，差點就衝動地要訂房。

但是算了算，長途旅行花費不貲，御三家一泊二食的費用，一人都是三、四萬日圓起跳，就算是後起之秀，有「新御三家」之稱的「月燈庵」、「二本の葦宿」、「わらび野」，也便宜不了多少，要我「砸」重金入住，必得好好惦量一下「食、宿、湯」三方面的條件。

仔細研究這些令人憧憬的名宿之後，我發現，這些旅館固然美則美矣，不少客房附露天

2 | 1

1 白色民宿就位在湯之坪街道旁，地點絕佳。

2 民宿早餐份量適中，味道可口

風呂，但論起溫泉池的景色，幾乎都是雜木林，很少有視野開闊、可以望見雄偉的由布岳景觀。這點對我來說，總覺得遺憾，百般不捨之下，我決定在湯布院實施我的「M 型旅遊法」。

我找到一間可愛的小民宿「スパロッジ　白いブランコ（Spa Lodge shiroi Buranco）」，有著絕佳的地點，就在湯之坪街道旁，白色的洋房看來甜美，完全是小資女喜歡的風格。女主人英文極佳，當我發現我掉了一件衣服在別府的旅館，她立刻幫我聯絡，請他們寄到我之後要在博多入住的旅館，只提供早餐的 B&B 型態，一個人僅六千八百元日圓。

入住之後，我發現它最棒的地方，是有四個露天溫泉。除了較大的一個做為大眾湯之外，其他三個都是可以「貸切」的家族風呂，很多溫泉旅館的家族風呂，常常陰暗狹小不通風，但這間民宿卻大方地提供岩石浴池或木造浴池，旁邊還種了花草樹木，難怪有些客房沒有附浴室（但有附廁所），有這樣的露天風呂，誰還會在房間內泡浴缸？

只不過，這可愛的白色小民宿已在二〇一五年七月結束營業！不過，也別因此感到遺憾，事實上，在湯布院還有其他民宿，像「ペンション木綿恋記」、在金鱗湖附近的「カントリーイン麓舍」……，也都有露天溫泉、價格也差不多，都是在溫泉旅館之外，可以考慮的住宿選項。

看到這裡，你一定會問我，如果是住 B&B 民宿，晚餐要在哪裡解決呢？

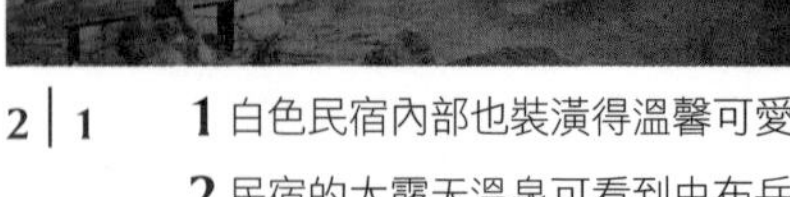

2 | 1

1 白色民宿內部也裝潢得溫馨可愛

2 民宿的大露天溫泉可看到由布岳

我的M型旅遊法，是可以為了節省旅費住便宜可愛的民宿，但晚餐絕對不虐待自己，「住」不起御三家，總「吃」得起御三家吧？

御三家都住過的朋友告訴我，這三間旅館中，以「玉之湯」的料理最出色！「玉之湯」的餐廳「葡萄屋」也接受非宿客的晚餐預約，哈！民宿與「玉之湯」步行距離僅三分鐘，我當然訂了「葡萄屋」的晚餐。

「葡萄屋」必須供應住宿客晚餐，因此在訂位時，餐廳告知，只能在傍晚五點到六點半招待我們，早一點吃晚餐也沒什麼不好，於是五點鐘，我準時到「玉之湯」報到。

「葡萄屋」的晚餐有三種價位，我挑了中價位的「玉之湯おすすめコース」，主要是因為湯布院這個地方，強調食材地產地銷，所以沒有龍蝦、鮑魚等海鮮，主打的多半是豐後牛、地雞、鮎魚等，其實，這也是讓我之所以沒有砸重金，入住御三家的理由之一。

但是沒有頂級食材，不代表就不能做出好吃的料理。「玉之湯」曾邀請日本知名料理研究家辰巳芳子設計菜單，運用當地食材做出美味的料理，還為「玉之湯」特製了美味又健康的蔬菜湯。不僅如此，辰巳芳子還指導各家旅館的廚師，不藏私地拿出彼此的菜單，教導大家研發特色料理，後來更發展成「一村一品」（類似一鄉一特產）的運動。

果然，才坐定，「玉之湯」以鮮花作筷架的方式，就很惹人好感！看似

2 | 1

1 不說不知道，這是玉之湯有名的鱉湯

2 把飯後甜點開在此，讓外客也有機會參觀玉之湯

「玉之湯」葡萄屋

官網：http://www.tamanoyu.co.jp/
營業時間：16:30-22:00
晚餐價位：9,072 日圓、11,340 日圓、17,010 日圓

平凡的家常菜，如豆腐渣、蠶豆、滷竹筍、滷香菇、半熟玉子，道道細緻，湯品可選魚湯或鱉湯（スッポン鍋），聽說「玉之湯」的鱉湯非常出名，我當然就選了鱉湯，味道芳香清新，如果不說，還真不知道那是鱉呢！

主菜當然是烤豐後牛，但「玉之湯」貼心地讓客人有兩種選擇，喜歡油脂多的可以選沙朗，怕肥的人可以選菲力，我們兩個人各點一種，不論肥瘦，都好吃到爆！

「玉之湯」刻意把飯後甜點放在一間有壁爐的圖書室，讓我有機會打量這間旅館，廊下白色的木椅對著雜木林，氣氛幽閒，一點也不匠氣，難怪它會成為那麼多人喜愛的名宿。

想想，湯布院會吸引每年超過四百萬觀光客，真的不是沒有道理，不只是「玉之湯」讓外客預約晚餐，「龜之井別莊」的「天井棧敷」、「湯の岳庵」也都開放外客，「山莊無量塔」更經營蕎麥麵店「不生庵」、蛋糕卷店「B-speak」，讓「住」不起的旅客，能藉由來吃個飯、喝杯茶，沾染一下「貴」氣，這也是對待觀光客的另一種「貼心」。

住可愛的民宿、吃「玉之湯」、買「B-speak」蛋糕卷，咦，「御三家」中好像還缺了一家，記得明天要去龜之井別莊的「天井棧敷」，再喝個下午茶吧！

2 | 1

1 兩種肉質的豐後牛，都好吃得不得了

2 玉之湯清靜閒雅，絲毫不做作的氣氛

體驗十七種古早味的民藝村

「對，就是這樣，接下來……」在「藍染工房」裡，小女孩跟著藍染老師，把一條手帕泡進藍色的大染缸裡，小女孩的爸爸，拿著DV拍攝小女孩做藍染的動作……，這裡是「湯布院民藝村」。

湯布院不僅令小資女著迷，還是一個適合親子共遊的溫泉小鎮，正對大分川的「湯布院民藝村」，一幢幢從九州各地移築於此的古建築，吸引了大人、小孩體驗著湯布院最傳統的民藝生活。

「湯布院民藝村」就像個傳統的小村落，庭院內花木扶疏，從江戶到大正時期保留下來的古建築，經過修復之後，如今成為一座座體驗傳統生活的工房，從藍染、竹編、木造玩具、味噌製作……，還有舊時的郵便局，林林總總一共十七種，讓遊客或看或體驗日本傳統的古早味。

其中有一幢建築名為「錢屋」，顯然是古老的錢莊，如今改為販賣紀念品的商店與餐廳，形態雖異，卻有相同的共通點——都是要人把錢掏出來啦！

「大分川」與「湯之坪街道」平行，遠方山巒起伏，散步固然悠閒，但走著走著，覺得好像更適合騎腳踏車哩！

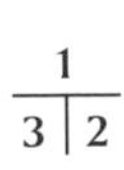

1 民藝村聚集了17種古早生活

2 在民藝村裡，小朋友正在體驗藍染

3 民藝村正對著大分川，在沿岸騎腳踏車也很適合

湯布院民藝村

開放時間：8:30 -17:00，無休

門票：650 日圓，與古陶共通票 980 日圓

掉進貓頭鷹與童話的世界

Yufuin Floral Village

正當我在湯之坪街道確認喜愛的小店是否依然「健在」，就在快要走到盡頭時，咦，怎麼這裡多了一個奇怪的門口？

一走進去，我就完全被打敗了！沒想到，這裡竟然是個童話世界的大集合！二〇一二年落成營運的Yufuin Floral Village，占地雖不大，卻設計成北歐風格土黃色的石牆村落，賣麵包的是宮崎駿《魔女宅急便》裡頭的kiki貓，賣杯盤的是彼得兔，賣眼鏡的是一隻小熊；這裡不但能遇見《冰雪奇緣》裡的艾莎公主，連《羅馬假期》裡的「真理之口」也跑來湊一腳，變成一個算命的機器。Yufuin Floral Village除了商店街、餐廳之外，還有一間小旅館及花園足湯，真是麻雀雖小五臟俱全！

不過，最吸引我的，卻是正中央的貓頭鷹森林。裡面有好多不同品種的貓頭鷹，每一隻貓頭都被拴在樹上，雖然有點可憐，但可以讓你近距離地拍照，其中還有一隻很像《哈利波特》中衛斯理家所養的貓頭鷹，我拿相機想拍牠的「正面」，但牠偏偏就在我快按下快門時突然轉頭，真是頑皮得不得了！

1 《哈利波特》中衛斯理家的貓頭鷹
2 Yufuin Floral Village還有個花園足湯
3 黑貓kiki等著客人來買麵包

Yufuin Floral Village
官網：http://www.floral-village.jp/
地址：大分県由布市湯布院町川上1503-3

湯布院交通攻略

大多數人到湯布院，會從兩個方向：一是從博多經別府南下；二是從熊本經阿蘇自西邊過來，兩次到湯布院，剛好分別從這兩個方向進去，一般規劃行程時，都會考慮一併暢遊這三個地方。

從博多出發，「由布院之森」最受歡迎

九州的觀光列車中最受觀光客喜愛的，莫過於行經久留米的「由布院之森（ゆふいんの森）」；綠色的車箱、木頭內裝、再加上餐車與車掌小姐替乘客拍照的設計，都讓「由布院之森」充滿魅力。持JR Pass可以坐「由布院之森」，不用另外付錢，但記得一定要事先在JR車站劃位，因為「由布院之森」是全車指定席。

如果想坐「由布院之森」連接「由布院」與「別府」，一天三班（來回六班）的「由布院之森」，只有一個班次會從由布院到大分、別府。

「由布院之森」在某些特定日期會定休保養，此時會換成「由布（ゆふ）號」或「由布DX號」代替，「由布DX」在車頭設有展望席，也算觀光列車的一種，至於「由布號」則屬一般特急，所以要坐「由布院之森」，最好先上網查詢運行時間與日期。

「由布院之森」設有餐車

從別府到由布院，JR與巴士都方便

坐JR

別府與由布院，雖然同樣都是位在大分縣，但除了「由布院之森」與「由布號」，直達車程僅一小時之外，其他的JR班次，都要在「大分駅」換車。如果時間不能配合，就算是坐普通車在大分駅轉車，時間最多花一個半小時，其實不會浪費太多時間，反而因

為班次多，機動性更強。

坐巴士

在別府駅西口坐「龜之井巴士」，每半個小時就有一班車，車程只要一小時；「龜之井巴士」是周遊別府地區的主要交通工具，如果想要坐巴士暢遊別府，以及來往於湯布院，可以購買龜之井巴士廣域版的二日券。

從熊本、阿蘇出發，火車巴士交互運用

坐JR

從熊本出發，如果想先玩阿蘇，再到湯布院，從熊本到阿蘇這一段，可以選擇「あそぼーい（Aso-Boy，全車指定席）」與「九州橫斷特急（有自由席）」兩種列車，時間約一到一個半小時；但是Aso-Boy只有到「宮地」，所以從阿蘇火山到大分縣這一段，只能坐「九州橫斷特急」，而且要在「大分」轉車；以從「阿蘇」到「大分」再轉車到「湯布院」，車程至少得花三小時，所以想要利用九州橫斷特急，在一天內遊阿蘇火山（得在阿蘇駅搭九州產交巴士上、下山，單程就要四十分鐘），趕到湯布院，一定是晚上七點以後了！如果時間允許，最好能在阿蘇住一晚，才不枉此行。

從博多到湯布院，搭「由布院之森」最方便

從博多、熊本到湯布院的交通路線

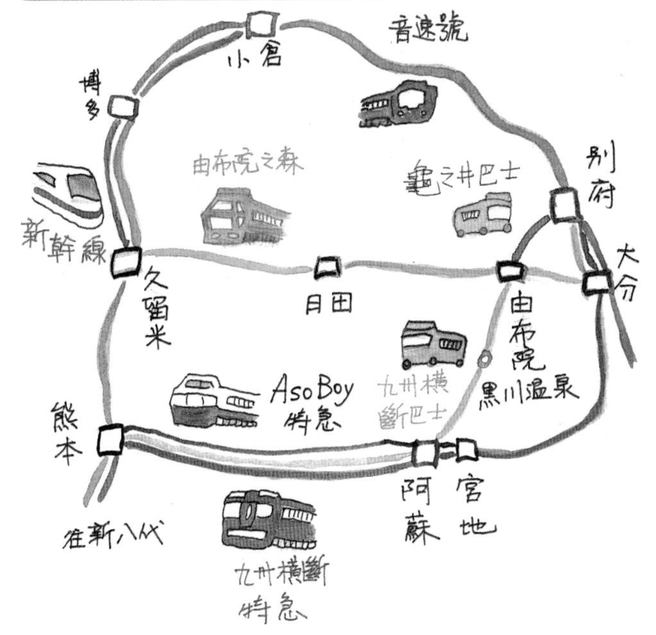

由布院之森：博多—由布院 2hr10min，由布院—別府 1hr
龜之井巴士：別府—由布院 1hr
音速號：博多—別府 1hr52min，別府—大分 10-15min
AsoBoy 特急：熊本—阿蘇 1hr25min
九州橫斷特急：熊本—阿蘇 1hr22min，阿蘇—大分 1hr43min，大分—別府 12min
九州橫斷巴士：湯布院—黑川溫泉 1hr35min，由布院—阿蘇 2hr23min，阿蘇—熊本 1hr50min
新幹線：博多—小倉 17min，博多—久留米 17min，博多—熊本 33-52min（依中途停靠站多寡）

坐巴士

從熊本到湯布院，另一個選擇是坐九州產交巴士一天四班（來回八班）的「九州橫斷巴士」，行經人氣頗高的「黑川溫泉」，所以更適合想留在阿蘇住一晚的人；而且九州橫斷巴士可以直接坐到「阿蘇山西駅」去搭纜車，不用在「阿蘇駅」換車。二〇一二年我在阿蘇山上住了二晚，第三天再到湯布院，雖然買了北九州 **JR** Pass，但從阿蘇的「瀨の本」到「湯布院」這一段，還是另外花了一千多日圓坐九州橫斷巴士，因為這段車程僅一個多小時，節省不少搭車時間。要提醒的是，九州橫斷巴士並非每一班都抵達湯布院，而且要上網預約座位。

Day 5

風格小鎮 四 宮島

海上的神殿 宮島

還記得大河劇《平清盛》中，那首古和歌：「且玩焉，生於世，且戲焉，生於世；且聽童玩聲，或然身亦動。」如此地快意人生，就像平清盛一生的寫照。

平清盛，這位平安時代的梟雄，連修建一座神社，都要出人意表，日本歷史記載，「嚴島神社」早在西元五九三年創建，卻是在平安時代後期，由平清盛改建成今天華麗的模樣；一漲潮，紅色的神社迴廊浮在海面上，那情景，像夢境，竟是在人間。

廣島縣的宮島，與京都府的天橋立、宮城縣的松島，並列為「日本三景」。都說宮島是「人與神共存之島」，實際走訪確實如此；當你坐船駛近宮島時，視線將定焦在宮島最具代表性的風景——朱紅色的海上大鳥居；鳥居象徵著神界與人界的分野，從有信仰開始，這座小島連附近的海域都被視為「神域」，古代只有僧侶與貴族武士才能踏上宮島，平民甚至不能進入，少了人為的破壞，宮島的美麗，除了自然，還多了一分神祕。

宮島雖以「嚴島神社」揚名於世，但別忽略後方的彌山，彌山的原始森林，在一九九六年與嚴島神社並列為世界遺產；西元八〇六年空海大師在彌山開山後，彌山便被視為「靈山」，坐纜車直上彌山山頂，在原始森林的環繞之下，是一千二百年前，空海大師在此修行的殿社佛閣。

彌山山腳下的「紅葉谷公園」，十一月時，是宮島僅次於嚴島神社最吸引人的美景，但是我二次到宮島，都不是在楓葉季，而是櫻花季。宮島雖不以大片的櫻花林吸引遊客，散步在嚴島神社後方的疏水道、穿梭於山邊古徑時，乍見路旁的櫻花盛開，更教人驚喜。

宮島的建築之奇、寺閣之美、自然之色，都很引人入勝，但最令我垂涎三尺的，是宮島吃不完的穴子魚與牡蠣。

一提到廣島，人人都想到牡蠣，全日本牡蠣的產量，廣島就占了六成。廣島灣一帶因太田川入海，海水與清流交替的作用，讓這片海灣從四百多年前，就成為牡蠣的搖籃，陽光是牡蠣的養分，宮島周遭因潮汐明顯，日照更為充足，所以宮島牡蠣殼褶較黑，奶白色的肉質更滑Q，坐渡輪前往宮島時，就可見到海上養殖牡蠣的竹筏。

雖說冬天是牡蠣最肥美的季節，但在宮島一年四季都可以吃得到牡蠣的每年二月第二個星期

從博多搭新幹線約1小時到「廣島」，換山陽本線約25分鐘到「宮島口」，坐JR西日本渡輪抵達宮島，在「牡蠣屋」午餐，坐纜車上彌山，下山後參觀大聖院，買うえの的穴子弁當在火車上吃，傍晚趕赴尾道。

主要祭典

1 月：宮島牡蠣節（第二個星期六、星期日）
3 月：宮島清盛祭
4 月：桃花祭
7 月：管弦祭（舊曆 6 月 17 日）
8 月：宮島水中花火大會、玉取祭

登上彌山的獅子岩展望台，每個人都想振臂高呼

六、日，宮島牡蠣節舉辦時，從碼頭一下船，廣場前處處是烤牡蠣的香味，走進參道的商店街，每隔幾步，就是一家賣穴子飯或牡蠣飯的食堂。

宮島另一項讓人念念不忘的美食是穴子（あなご，a-na-go），又稱星鰻或海鰻。日本穴子魚主要的產地，集中在瀨戶內海河口出海的海灣，因此像兵庫縣的加古川河口、廣島縣的太古川河口，都可以捕獲到穴子魚，不像在河中長大的河鰻，星鰻刺少而肉細，少了土腥氣，風味更淡雅。

JR宮島口駅旁的「うえの（上野，u-e-no）」，明治三十四年開業，距今已超過百年，是日本穴子弁當的始祖；上野家原本是米商，山陽本線開通後，隨著參拜宮島的遊客逐漸增多，想出了以瀨戶內海的名產穴子魚，去骨白燒後，再塗上砂糖、醬油、味醂、清酒等做成的蒲燒醬汁，讓穴子弁當聲名大噪，引起許多穴子產地紛紛仿效，成為山陽本線最著名的「駅弁」。

我怕穴子弁當賣光，一出JR宮島口，便在「うえの」訂了兩個弁當，準備傍晚在往尾道的火車上吃，所以弁當拿到時還是溫熱的；穴子雖塗了蒲燒醬汁，但味道並不濃重，讓人驚豔的是，炭烤的香味非常明顯，配上好吃的白飯，真不愧是風靡百年的駅弁！

上次在宮島住了一晚，本來打算第一天探訪嚴島神社後，第二天去彌山健行，但是沒想到抵達宮島時卻碰到下雨，讓嚴島神社變得灰濛濛，第二天萬里無雲，嚴島神社頓時變得明豔照人，所以那次的宮島行，我幾乎都把時間花在嚴島神社周圍，因此這次在宮島玩而不住，主要是彌補上次沒去彌山的遺憾。

如果你是第一次到宮島，強烈建議一定要在宮島住一晚，畢竟在古代，宮島是咱們這些小老百姓連進來都不准的「神域」，不住一晚，怎能沾染宮島的靈秀之氣！

1 嚴島神社是平清盛修建的海上宮殿
2 漲潮時，嚴島神社宛如飄浮在海上
3 うえの的穴子弁當仍沿用當年的包裝

宮島散步地圖

Tips：

- 持 JR Pass 可免費搭 JR 西日本宮島渡輪。
- 櫻花季時可順遊岩國錦帶橋，從 JR 宮島口駅坐山陽本線到「岩國駅」，僅 20 分鐘。

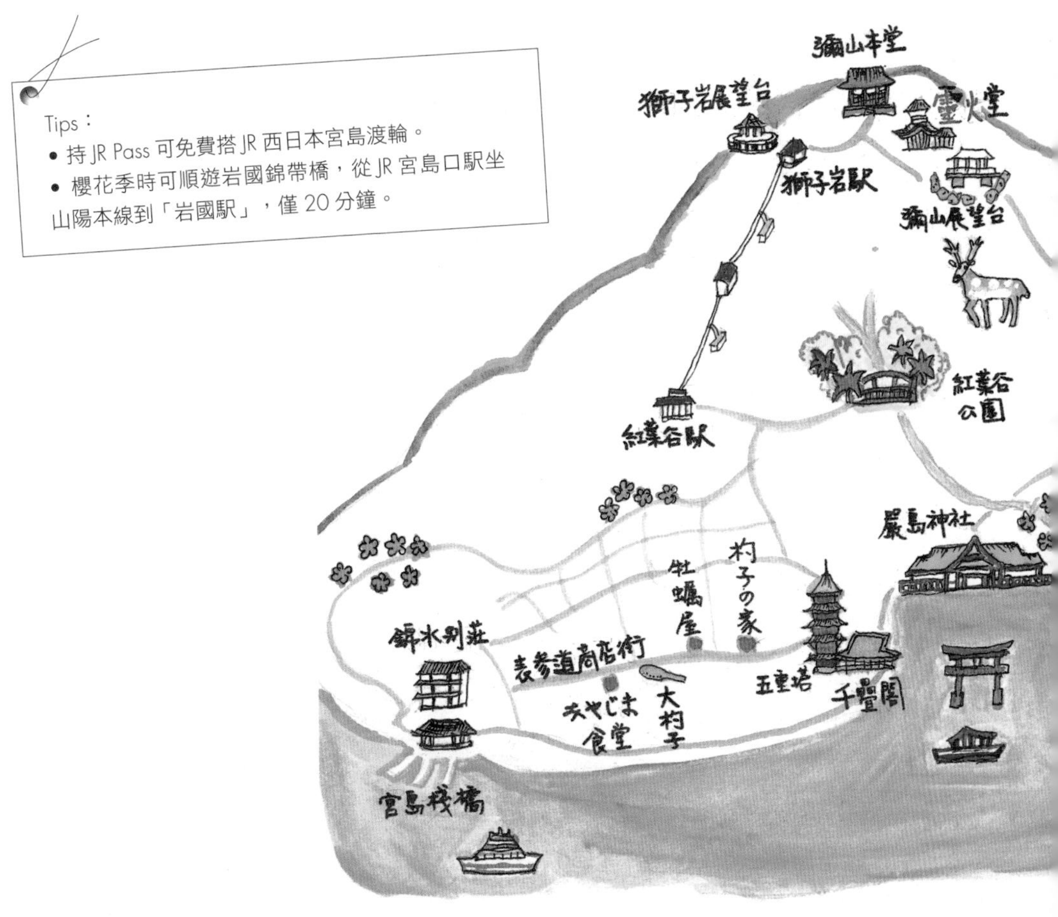

初遊宮島兩天一夜行程建議：

第一天　坐 JR 西日本渡輪抵達宮島，先逛表參道商店街，在「宮島食堂」午餐，參觀五重塔、千疊閣、嚴島神社、大願寺，坐屋形船穿越海上大鳥居，晚上享用牡蠣大餐。
宿：錦水莊別館

第二天　散步至「紅葉谷公園」，坐纜車上彌山，在展望台眺望宮島海景，參拜彌山本堂、靈火堂，下山後參觀大聖院，返回 JR 宮島口，買うえの的穴子弁當離去。

宮島的鹿，到底該餵不該餵？

一踏上宮島的土地，迎接你的，就是神的使者——鹿。

鹿被稱為「神的使者」，起源於奈良的春日大社。春日大社創建時，欲從茨城縣「鹿島神宮」，請來所供奉的祭神武甕槌命，相傳武甕槌命降臨時，是乘著一頭白鹿從天而降，從此才開始有了將鹿視為神的使者的傳說。宮島的鹿，數量雖不比奈良多，但是一樣逍遙自在，牠們漫步於碼頭邊、商店前、神殿旁，個性比奈良的鹿溫馴許多，原因是，官方下令禁止遊客餵鹿！

因為二次大戰後，宮島的鹿急速銳減，宮島從奈良公園運來六頭鹿積極進行繁衍，同時讓遊客餵食鹿群，讓鹿成為宮島觀光的活招牌。沒想到，遊客開心餵鹿的結果，竟讓鹿愈生愈多，牠們走進民家、商店，隨地大小便，讓宮島居民困擾不已，且數量多到吃光了宮島森林的植被，自然環境大受影響。

因此，二〇〇八年，宮島決定不准人類餵食鹿群，希望藉由自然的方式，讓鹿自然減少。但是已形同是人類豢養的鹿群，逐漸喪失在大自然中謀生的能力，近年來，宮島頻傳小鹿面臨餓死的消息；到底該不該餵鹿？又成了宮島各環保團體爭論的話題。

看著小鹿靜靜地望著海面，似有說不出的寂寥，鹿，也有屬於鹿的煩惱。

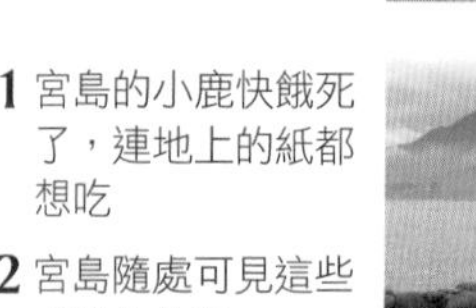

1/3 | 2

1 宮島的小鹿快餓死了，連地上的紙都想吃

2 宮島隨處可見這些「神的使者」

3 望向大海的鹿，也有屬於鹿的煩惱

走進表參道商店街不久，即可看到「世界一的大杓子」

表參道商店街　買不完的杓子、吃不完的牡蠣與穴子

前往嚴島神社有兩條路，一條是沿著海邊走的海濱道路，途經旅館「錦水館」，海風徐徐，氣氛悠閒；另一條是表參道商店街，宮島特產、創意小店，應有盡有，平行的兩條路氣氛截然不同，一去一返分別走，兩種風情都可以享受得到。

看世界一的大杓子，買個杓子來祈願

杓子是宮島的特產，從平清盛修建嚴島神社開始，宮島就不乏細工的能人巧匠，杓子不但是宮島細工名物，也是祈願開運之物，一走進表參道商店街入口沒多久，就會看到一個全世界最大的杓子。這杓子長七．五公尺，重達二．五噸，使用二百七十年樹齡的櫸木，歷時二年十個月才完成，堪稱是宮島細工的代表作。

杓子會成為宮島的特產，是源於江戶時代的僧侶誓真，為了改善島上居民的生活，以弁財天女神所持的琵琶為造型設計而成。誓真和尚教導島上居民製作方法，這種琵琶形的杓子由於做工細緻，不論盛飯、攪拌都很順手，且用木杓舀飯時，飯粒還沾染木頭的香氣，宮島木杓因此成為前來參拜的香客，最喜愛的伴手禮。

除了實用之外，宮島杓子還有祈願的作用，舉凡考試、健康、求財、良緣……，有什麼願望都可以寫在木杓上向神明祈求，這個習俗的由來，相傳是因為木杓敲響時，所發出的「卡滋、卡滋」的聲音，與日文「勝」發音很像，有吉祥之意。

表參道商店街的末端，有間「杓子の家」，裡面就販賣各式各樣的杓子，成為宮島最知名的伴手禮店。

みやじま食堂，邀人氣料理研究家設計菜單

表參道商店街中，賣穴子、牡蠣的食肆不少，但有一家食堂，與街道傳統古味的氣息很不搭，淺色木頭的外觀看起來很清新，在門口張望了一下，發現它牡蠣、穴子都有賣，那還有什麼好猶豫的呢？

多年在日本旅行的經驗告訴我，店主的品味不會只表現在食物上，感覺舒適的餐廳，通常食物也都會很好吃。一進門，我就覺得沒有來錯地方，這家叫做「宮島食堂」（みやじま食堂，mi-ya-ji-ma）的餐廳裝潢得很簡單，白色的牆面與淺色木頭的桌椅很療癒，不算大的

1 表參道商店街尾端的「杓子の家」販售各式各樣的杓子

2 杓子還可以用來祈願

杓子の家

官網：http://www.shakushi.jp/

營業時間：9:00-17:30，週三休

みやじま食堂

官網：http://www.miyajima-shokudo.jp/index.php
營業時間：11:00-17:00，不定休

2 | 1

1 穴子魚定食，連配菜都很精緻講究

2 みやじま食堂的外觀和商店街的傳統氣氛不太搭

餐廳卻很善於利用空間，規劃成好幾個用餐區，吧哈區、桌椅區、和式區，店裡下午沒什麼客人，我上二樓參觀，發現二樓沒有多除的「障礙物」，穿透感更強。

點了穴子魚定食，一端上來，發現它處處都很講究，紫、綠、白的三色漬物，既美麗又細緻；副菜是穴子南蠻漬，酸甜開胃；穴子魚骨炸成仙貝，香酥爽脆；穴子肝清湯，清香鮮甜；打開木製的弁當盒，烤穴子的香氣撲鼻而來，這真是一份非常纖細的定食。

當然，主角還是穴子飯。穴子雖然採用勾人食慾的蒲燒，但是醬汁用量很克制，更能表現出穴子魚的細嫩清爽，原來，蒲燒也可以做得如此淡雅。

仔細看了菜單，才發現「宮島食堂」是特別邀請料理研究家藤井惠，運用宮島的食材來設計菜單，營養師出身的藤井惠，常在日本電視節目教導主婦如何做出好吃的家常菜，頗受日本主婦歡迎。

我把穴子飯吃得粒米不剩，心想，憑著直覺挑餐廳，果然沒錯！

牡蠣屋，隱藏版菜單一次吃十顆牡蠣

「牡蠣屋」是宮島的人氣牡蠣料理專賣的餐廳；「牡蠣屋」選用的每顆牡蠣，生長期至少二到三年，剔除不良品而能端上桌者，個個肥碩飽滿。

「牡蠣屋」黑色木條所裝飾的門面很摩登，但入口最誘人的景色，卻是滋滋作響的現烤牡蠣。讓人眼睛一亮的是，店內酒櫃擺滿各式各樣的白酒，難怪「牡蠣屋」會受到二〇一三年廣島版米其林餐飲指南的介紹。

手繪的菜單讓人一目瞭然，舉凡烤牡蠣、生牡蠣（僅在十月底到三月供應）、炸牡蠣、牡蠣炊飯、奶油焗牡蠣，還有店家特製的牡蠣飯糰，真是不知該如何選擇。若想一次嚐各種口味，可以點沒有寫在菜單上的「隱藏版菜單」——牡蠣屋定食。

「牡蠣屋定食」中，現烤牡蠣非常肥大，油漬牡蠣很適合下酒，牡蠣炊飯也很香甜，只可惜炸牡蠣有點乾，但仍然吃得出海潮味，我算了算，怎麼只有九顆呢？哈！原來味噌湯裡還藏了一顆。二千日圓出頭的價位，一共十顆牡蠣，其實相當划算，配上一杯白酒，吃完後，還有點意猶未盡呢！

2 | 1 **1** 隱藏版的「牡蠣屋定食」沒有寫在菜單上

2 剛好看到送貨到「牡蠣屋」

牡蠣屋

官網：http://www.kaki-ya.jp/index.html

營業時間：10:00-18:00，不定休

兩種平清盛，兩種嚴島神社

宮島因有嚴島神社而聞名於世，嚴島神社因有平清盛而偉大。

平清盛，這位一手開啟日本武家政治歷史的人物，在《平家物語》中，是跋扈專斷的政治領袖，而在二〇一二年NHK大河劇《平清盛》中，給人的印象卻是桀驁不馴又不失童玩之心；但可惜，「驕傲的平家」是日本人從小到大被教育不可驕奢跋扈的故事，想替平清盛平反，收視率卻奇慘無比，顯然日本人對美化後的平清盛，並不買帳。

不同的作品呈現出平清盛的兩種面貌，有趣的是，平清盛一手打造的嚴島神社，潮起潮退，也是兩種不同的面貌。

嚴島神社創建的年代已不可考，一般認為是推古天皇元年（西元五九三年）由安藝豪族佐伯鞍職創建，供奉三位海洋女神——市杵島姬命、田心姬命、湍津姬命；佐伯氏後來成為嚴島神社的神主家，在平清盛擔任安藝守官時，嚴島神社成為平氏一族參拜的寺廟。西元一一六八年，平清盛大力改建嚴島神社，把寺廟與寢殿造（平安時代貴族宅邸的建築樣式，仿中國宮殿式的建築，以寢殿為中，南面是庭園，東、西、北各有對屋，彼此以迴廊相連）融合在一起，修建成今天的模樣。

更特別的是，嚴島神社還與海爭地，建於海灘之上。利用潮汐的原理，漲

「高舞台」設於「平舞台」之上，兩個都是國寶

退潮時的嚴島神社顯得有些落寞

潮時，海水淹沒了建築物的柱腳，紅色的宮殿彷彿浮在海面；退潮時，神社宮殿又返回了陸地，這種突發奇想的建築巧思，非凡夫俗子能比。

隨著平清盛的權勢攀向頂峰，平氏一族的生活，也附庸風雅地向貴族公卿看齊。寢殿造南面本應是庭園水池，但為了抵擋海浪衝擊，改成以木板連接的「平舞台」，但「平舞台」之上又設了「高舞台」，可供能樂表演；「平舞台」與「高舞台」都已列為國寶。除此之外，寢殿東側還有一座引人注目的「能舞台」，每年四月中旬桃花祭，這座日本唯一的海上能舞台，會有能樂或狂言的演出。

從嚴島神社後門出去，看到「清聖神社」的指示牌，心想，平清盛對宮島的貢獻如此卓鉅，理應參拜；沿著沙洲的石燈籠，看到「清盛神社」時……啥米？曾經叱吒一時的平清盛，慰祭他的「清盛神社」，竟然簡單到如此毫無看頭！

2 | 1

1 鹿也在想：「我也想走去鳥居那邊玩」

2 這裡叫「枡形」，舊曆 6 月 17 日管弦祭時，船就從這裡出發

想看兩種嚴島神社，先查潮汐時間表

難得來一次宮島，誰都想看浮於海、返回陸的兩種嚴島神社，想看在海面浮起的嚴島神社，潮位至少要達到 250 公分以上；若想在退潮時走到大鳥居，潮位必須退到 100 公分以下。

還好宮島的「年間潮汐表」，時間、潮位都標明得很詳細，所以拜訪宮島時，最好先查潮汐時間。一般來說，一天大約有兩次機會，可以看到漲潮、退潮的嚴島神社。

走進人間俗世的大聖院

在「嚴島神社」後方，彌山的山腳下，有另一座寺廟「大聖院」，「大聖院」是宮島最古老的寺廟，比起嚴島神社的縹緲華麗，「大聖院」似乎走進了人間俗世，還充滿了童趣！

寺廟也能有「童趣」？是的！跨進莊嚴肅穆的山門，走進「大聖院」，爬上階梯時，立刻被五百羅漢像吸引；五百羅漢是跟隨釋迦牟尼聽法傳道的弟子，約莫在宋朝時，傳入了日本，日本許多古寺中都有五百羅漢像，由於五百羅漢面容各異，有一種說法是，若仔細找找，每個人都可以找到一個與自己相仿的羅漢。

有趣的是，「大聖院」的五百羅漢每個都戴上了毛線帽，顯然羅漢並非金剛不壞之身，他們也怕冷！從秋天到初春，「大聖院」的五百羅漢會戴上帽子禦寒，而且帽子有紅有藍有紫，難不成，羅漢也有屬於自己的時尚品味？

「大聖院」石像處處。日本傳說裡的河童，往往躲在河裡趁機拉住人的腳，把人拖進水裡吃掉內臟，但「大聖院」的河童石像，卻逗趣可愛，眼神彷彿在嘲諷世間人的愚昧，有點像芥川龍之介的小說《河童》的形象；但最令我忍俊不住的，是一尊抱著大元寶的小沙彌，可

河童造型逗趣可愛

一進入「大聖院」，立刻被戴帽子的五百羅漢吸引

大聖院

官網：http://www.galilei.ne.jp/daisyoin/

交通：從「嚴島神社」步行約 10 分鐘

嚴島神社周圍走一走

「嚴島神社」四周有許多寺廟，入口附近有「五重塔」、「千疊閣」；出口則是「大願寺」，「大願寺」是人力車的搭乘處，如果懶得走，可以坐人力車到彌山山腳的「大聖院」。

一眼即可望盡的「大願寺」，在明治初期神佛分離政策實施前，執掌著「嚴島神社」的修繕營造，「五重塔」、「千疊閣」、「多寶塔」的修建，把嚴島神社包圍成一片大伽藍。「大願寺」供奉的嚴島弁財天，與江之島、琵琶湖竹生島的弁財天，被喻為是日本三大弁財天；本堂前奇特的九本松，樹高18公尺，由伊藤博文親手栽種。

「五重塔」與「千疊閣」相鄰，「千疊閣」是豐臣秀吉為祭奠征討九州時，死去的將士所建造的經堂，雖然名之為「千疊」，但實際上只有857張榻榻米，並沒有到1000張，即使如此，已是宮島最大的建築，架高的地板，還可以從底下穿堂而過。

1 嚴島神社入口附近有「千疊閣」與「五重塔」

2 從「千疊閣」底下可以穿堂而過

愛又諷刺了宗教世界中潛藏的貪婪。

「大聖院」的歷史，其實比「嚴島神社」更悠久，是空海大師在西元八〇六年恭請三鬼大權現開基的寺廟，雖然位於彌山山腳下，但彌山山頂上的靈火堂、三鬼堂等，都屬於「大聖院」管轄，且「大聖院」與日本皇室關係密切，在「大聖院」內，處處可看到各國使節饋贈的佛像。

比較起日本許多古寺充滿「出世」的氣氛，「大聖院」讓人感覺很「入世」；眾多造型各異的石像，固然是重要的原因，隨處可見的「奉納箱」更是原因之一。更特別的是，階梯上架起一長串的轉經筒，也為「入世」的氣氛加了分；根據藏傳佛教的說法，每一個轉經筒裡都有一篇佛經，只要往右轉一個圈，就代表唸了一次佛經，我一邊爬著階梯，手不停地轉，覺得這座寺廟真是棒呆了，教人做起功德，竟然如此地便利！

宮島的櫻，宛如韓式美女

在宮島，我第一次覺得，賞櫻，並不一定要大片櫻林才會醉人。

宮島的櫻花，雖多，卻不算密茂，但它總是長在該它生長的地方，驚鴻一瞥，更我見猶憐。

「嚴島神社」後方的疏水道、五重塔周圍、大元公園……，宮島有很多地方都有櫻花，但每一處都不是上百成千的櫻林，但說也奇怪，宮島的櫻花，總是很善於展現自己的姿態；好比說，嚴島神社後方社務所的櫻花，純粹以花論花，它與京都那些百年古櫻簡直不能比，卻常常惹得過路人猛按快門，拍起照來一個個都變成「韓式美女」，是以宮島雖無可以百大賞櫻名所，卻是山陽地區著名的賞櫻勝地。

令我印象最深刻的，是走在表參道後方山邊古徑所看到櫻花，雖然只有少少幾株，卻獨樹一格，小徑、櫻花、五重塔，宮島的櫻，果然生得有靈氣！

2 | 1

1 疏水道旁的櫻花乍看稀落，但卻很有意境

2 山邊古徑的櫻花，剛好與五重塔相映成趣

夜間航行！宮島最酷的遊船

在進入宮島時，不論你坐的是「JR西日本聯絡船」，或「松大汽船」，從船上都可以看到海上大鳥居，但宮島最酷的遊船，卻是夜間航行的「宮島參拜遊覽船」。

一天只有五班，從傍晚開始航行（三月二十一日以後下午會增加一班）的「宮島參拜遊覽船」，航程僅三十分鐘，與其他船最大的不同是，漲潮時，它可以從大鳥居底下穿過！

特別是在黑夜，打了燈的大鳥居多了股神祕氣息；記得我坐夜間參拜船的那晚，突然風雨交加，還好坐在屋形船內不怕雨淋，但是當船從大鳥居底下穿過的那一刻，顧不得艙外風雨，所有遊客都搶著衝出來，抬頭仰望，鳥居神木巍峨高聳，既神聖，又鬼魅！

很難想像這十六公尺高的大鳥居，並不是「埋」在海底中，而是「站」在海灘上；柱腳底部是基石，加上木頭的重量，共達六十噸，歷經無數風浪，自西元一一六八年屹立在海上，大鳥居竟從沒被吹倒過。只不過，木頭泡在水中，久了還是會爛，現在所看到的大鳥居，是一八七三年重建的第八代，主柱所用的楠木，樹齡高達五、六百年，是花了二十年才尋找到的神木。

夜間參拜船很熱門，但是可以上網預約，要提醒的是，預約船次前先查潮汐表，萬一潮退時，水深不足導致參拜船無法穿過鳥居，這船就白坐了！

傍晚才航行的「宮島參拜遊覽船」可以從大鳥居底下穿過。

穿過鳥居時抬頭仰望，鳥居顯得既神聖，又鬼魅！

啥米？彌山展望台竟然在對面的山頭！

上次來宮島未能登上彌山，一直頗感遺憾，這次踏上宮島的土地，首要目標就是彌山，但是一出獅子岩纜車站，四周望一望，什麼！我沒看錯吧？彌山展望台，竟然在「對面」的山頭？

彌山是宮島的主峰，也是宮島信仰的起始，我雖上山下海無數，但腳力有限，知道在紅葉谷公園有纜車可以坐，覺得沒什麼好怕的，哪知道，在紅葉谷駅坐小纜車，再換大纜車，出了終點「獅子岩纜車站」，立刻遭受嚴重的打擊！

我嘗試著說服自己，「獅子岩展望台」可以看到宮島周圍的海景，已經很美了！不一定要走到對面山上的「彌山展望台」吧？

路旁的指示牌，寫著「往彌山展望台，步行三十分鐘」，我知道，那是騙人的！因為「彌山展望台」明明就在對面的山上，而且那山比這山高，意味著要先爬下山再爬上山，三十分鐘就能走到？說什麼我也不相信！

獅子岩展望台可以眺望瀨戶內海群島

但是有趣的景點，例如靈火堂、彌山本堂、三鬼堂……，這些空海大師當初在彌山百日修行的寺社，都是在「那頭」，況且彌山的原始森林，與「嚴島神社」並列為世界文化遺產，人都來了，怎能不走一遭，沾染一下彌山的靈秀之氣？

下了要成鐵腿的決心，就此展開「彌山健行」；剛開始都是下坡，走得輕鬆愉快，但後來，無數的階梯橫亙在前，好像爬不完，我忍不住埋怨：「那些有道高僧為什麼都愛在高山上修行？平地難道就不能悟道嗎？」

累歸累，但是山上林木茂密，偶有一角樹木生得低矮，就能瞥見瀨戶內海的風光，彷彿在慰勞大家的辛苦，因此到達「靈火堂」時，真有一種獲得救贖的感覺。「靈火堂」並不大，但坐在對面的「彌山本堂」的階梯上，看著它，覺得它的造型格外優美。「靈火堂」是彌山上最具人氣的寺廟，寺內有一

1「彌山展望台」可以 360 度眺望周圍風光

2「靈火堂」造型優美，最具人氣

彌山纜車

官網：
http://miyajima-ropeway.info/index.html
交通：在嚴島神社後方有免費
接駁車直達紅葉谷纜車站，
若步行前往約需 10 分鐘
票價：單程 1,000 日圓，
來回 1,800 日圓

▶「靈火堂」內鐵釜之下即為「不滅之火」

個鐵釜，傳說鐵釜下的火，自空海大師點燃起，一千二百年來沒有熄滅過，因此有「不滅之火」之稱；傳說喝了釜中靈水，可以去除百病，由於寺內空間小，又點滿了祈願的蠟燭，因此煙霧繚繞，令人眼睛薰得睜不開，我雖沒看見鐵釜下有火，但喝了一口「靈水」，發現它是溫熱的，才相信這火真的沒有熄！

「靈火堂」之上是「三鬼堂」，它是日本唯一一個祭祀鬼神的寺廟；再往上的「文殊堂」供奉著文殊菩薩，旁邊許多小石疊成塔，顯然祈求聰明智慧的人不少，再往上走不久，穿過矗立的奇岩怪石，「彌山展望台」就到了！

「彌山展望台」所看到的景色，與「獅子岩展望台」相比，多了可以眺望宮島口方向的景觀，其他的則相差不了多少，但這裡畢竟是最高點，而且走得氣喘如牛，所以會有一股征服的快感，是坐纜車即達的「獅子岩展望台」不能比擬的。

從「獅子岩展望台」到「彌山展望台」這段路，去程是下坡少，上坡多，回程剛好相反，所以回程走起來較輕鬆，我算了算時間，回程還真的半個小時可以走到「獅子岩纜車站」，所以嚴格來說，指示牌所寫的「步行三十分鐘」不算騙人，但往返一趟加上賞玩、休息的時間，一趟彌山健行，沒有三個小時還真不行！

錦水別莊　既陽春又奢華

在瀏覽過宮島所有旅館的網站後，我很訝異，以宮島名氣之大，但可以符合這神靈之島氣質的旅宿，竟只有位於紅葉谷公園入口的「岩惣」旅館。

擁有一百六十年歷史的「岩惣」，曾接待過伊藤博文、夏目漱石、三位天皇等名人貴客，傳統的日式風情加上地處紅葉谷，靈秀飄逸，價格自然不菲；但是長途旅行花費大，轉念一想，造訪宮島時正值春天，秋天的「岩惣」一定比春天美，「那就秋天再來住吧！」總算找到了說服自己節省旅費的理由。

不過，就算想節省旅費，我還是有我的堅持。宮島旅館大多都是一泊二食型的溫泉旅館，有露天風呂的並不多，幾乎都是內湯，沒有可以眺望海上大鳥居的露天風呂，我自然興趣缺缺，乾脆選擇中等價位、一出宮島棧橋即達的「錦水別莊」。

「錦水別莊」是錦水館的姐妹館，一進門，看到大廳如此陽春，心裡一沉，但進了房間，卻又覺得驚喜；採和洋折衷設計的房間，不論寬敞度、舒適度都不錯，更重要的是，它的室內溫泉池非常「奢華」，因為地板竟然鋪的是榻榻米！「榻榻米溫泉」藺草的香氣，彌補了沒有露天風呂的遺憾。

▌錦水別莊

官網：http://www.kinsui-villa.jp/

交通：宮島棧橋走路 1 分鐘　　票價：一泊二食 15,000 日圓起

和洋折衷的房間，寬敞度很舒適

「榻榻米溫泉」奢華度滿點

宮島交通攻略

買山陽JR Pass更划算

要抵達宮島，不管你是從西邊的博多，還是從東邊的大阪過來，一般都是先搭乘連接大阪到博多之間的山陽新幹線，在「廣島」換車到「宮島」；所以可以買JR西日本所出售的「山陽JR Pass」四日券或八日券，把山陽線上的下關、廣島、尾道、倉敷、岡山、姬路、神戶等，一併規劃進來一起玩，將更划算。

山陽新幹線的班次很多，購買「山陽JR Pass」者，任何一種車次都可坐，但如果是買「全國版JR Pass」，班次最多、停靠點最少的のぞみ（no-zo-mi）、みずほ（mi-zu-ho）這兩班列車不能搭，萬一不小心坐上了就得另外付費，那就得不償失了，所以得格外留意。

要到宮島，先到廣島

既然要到宮島，得先到廣島，當然可以一併遊廣島，從廣島到宮島，主要由兩條路線，一是在「JR廣島駅」坐山陽本線到「JR宮島口」去坐渡輪；二是先坐路面電車參觀「原爆紀念館」之後，再赴宮島，在「原爆紀念館」可以選擇繼續坐路面電車到宮島口，也可以直接坐船，走「世界遺產航路」，約四十到六十分鐘就有一班船，搭船的「元安棧橋」與「原爆紀念館」距離只有一百公尺，只不過，船程較久，也比較貴，單程船資就要二千日圓。

比較起來，從JR廣島駅出發的路線，不但比較節省時間，而且持有JR Pass者，全程不用再付費！來往於宮島口與宮島的渡輪有松大汽船、JR渡輪兩家，持JR Pass可免費坐JR渡輪，JR渡輪幾乎每十五分鐘就有一班，且航路會刻意繞過去靠近大鳥居，在船上，即可觀賞到依山傍海的嚴島神社全景。

持廣電一日券，坐宮島纜車有折扣

如果你的行程是打算廣島、宮島一起玩，由於廣島的主要交通工具是廣島電鐵的路面電車，過去廣島電鐵曾經發售過一張二千日圓的「宮島フリーパス」（宮島 Free Pass）兩日券，可以在兩天內無限搭乘廣島路面電車全線、宮島口到宮島棧橋松的大汽船、宮島纜車，非常划算！只不過，這張二日券也許真的「虧很大」，所以已於二〇一四年停止發售了。

現在廣島電鐵所發售的「廣島電鐵一日乘車乘船券」與「電車一日乘車券」，都不包含宮島的纜車，但是持有這兩種一日券者，在購買宮島纜車票時，出示一日券，還是可以享有約七五折的折扣，要注意的是，必需在當天坐宮島纜車才能有折扣。

這兩種一日券在「廣島駅電車案內所」、「宮島松大汽船」、「宮島口もみじ本陣」均有售。

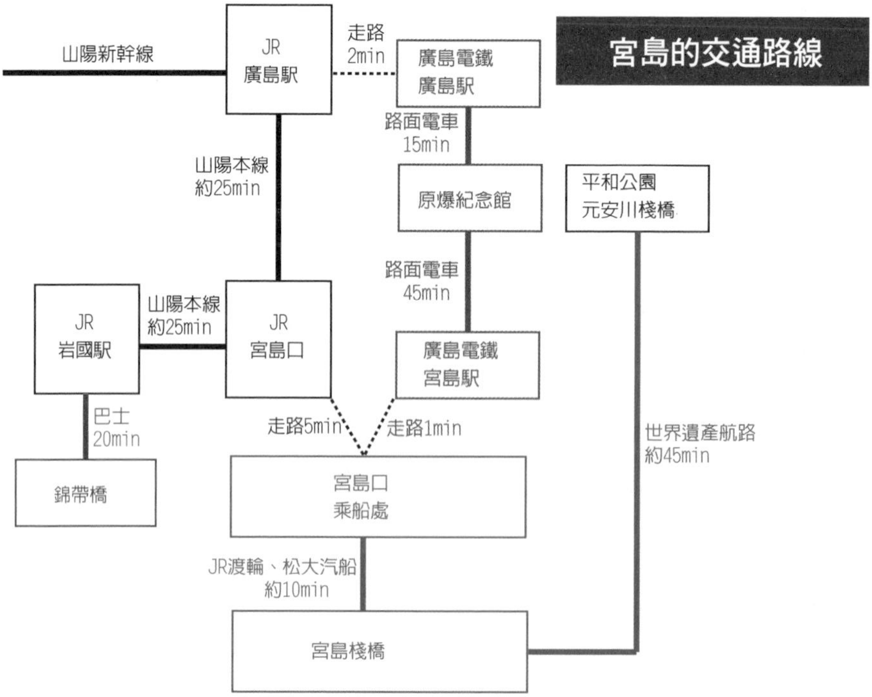

宮島的交通路線

山陽新幹線
JR
廣島駅
走路
2min
廣島電鐵
廣島駅
路面電車
15min
山陽本線
約25min
原爆紀念館
平和公園
元安川棧橋
路面電車
45min
JR
岩國駅
山陽本線
約25min
JR
宮島口
廣島電鐵
宮島駅
巴士
20min
走路5min
走路1min
世界遺產航路
約45min
錦帶橋
宮島口
乘船處
JR渡輪、松大汽船
約10min
宮島棧橋

順遊岩國，錦帶橋邊聽雨眠

日本推銷各地的風景名勝，愛用「日本三大〇〇」、「日本百選 XX」，岩國的「錦帶橋」，同時擁有「三大名橋」與「三大奇橋」之名，第一次到宮島時順道遊了錦帶橋，當時錦帶橋沿岸櫻花盛開，浪漫旖旎，剛好那天細雨濛濛，當真應了「錦帶橋邊聽雨眠」之意。

「錦帶橋」木造的橋面卻以石為墩，結構精奇，乍看之下，與日本最古老的石橋——長崎「眼鏡橋」有點像，但又比「眼鏡橋」雄偉得多，查閱資料後發現，兩者還真的有點關係。

其實歷代岩國藩主都曾經在錦川上建橋，錦川河寬 200 多米，水流又急，所以錦川大橋屢建屢毀，第三代藩主吉川廣嘉雖體弱多病，卻發下心願「要在錦川上築一座沖不垮的橋」，他派人以買藥為名，到長崎實地考察眼鏡橋，但眼鏡橋寬度僅 22 米，如何能與 200 米的錦川相比？

當時明朝歸化僧「獨立」正在替廣嘉治病，他想起描繪杭州西湖的《西湖志》中，數座拱橋串連各個小島的繪圖，建議廣嘉可仿效此舉，廣嘉借來《西湖志》一看，大喜，決定在錦川河上堆砌出 5 座宛如小島的橋墩，以拱橋連接，終於完成了這座奇橋。

岩國位於山口縣，但與廣島關係較近，所以要去岩國多是從廣島出發；雖然從廣島可以坐新幹線到「新岩國」，但只有こだま號（ko-da-ma）停靠「新岩國」，班次很少；若是坐班次多的山陽本線到「岩國」，則要 50 分鐘；宮島位於廣島與岩國中間，從宮島到岩國，坐山陽本線僅 20 分鐘，所以遊宮島時不妨順道彎去岩國，看看這座精奇的古橋。

2 | 1
1 錦帶橋結構精奇，為日本三大奇橋之首
2 櫻花季是錦帶橋最美的季節

Day 5 Day 6

風格小鎮 五 尾道

尾道 家鄉的情調

認識尾道，是從小津安二郎的《東京物語》開始。

這部一九五三年拍攝的電影，黑白的畫面，現在看來已不太習慣，但片中的尾道老夫婦，遠赴東京探望兒女，子女送老人去熱海玩，表面是盡孝，實際上卻是打發；全片沒有激烈的衝突，卻尖刻地批判已成家立室的子女對父母的疏離，這部非常「東方」的電影，緊緊地抓住每一位觀眾的心。在小津安二郎逝世五十週年，日本名導演山田洋次還拍了一部《東京家族》，不同的時空卻是類似的情節，只為向小津安二郎致敬。

其實不只小津安二郎，許多日本導演都喜歡在依山傍海的尾道取景，尾道的山、海、島嶼、民家、古寺、石坂路、貓，構成尾道獨有的小鎮韻味，仔細想想，或許日本人心目中的「家鄉」，長的就應該是這個樣子，難怪會贏得「映画之街」的美名。

當然，尾道也是日本文學家鐘愛的小鎮。志賀直哉的《暗夜行路》在此完成了草稿；昭和時代的女性作家林芙美子最著名的代表作《放浪記》，也以尾道為舞台；千光寺公園旁的「文學小徑」，每一座石碑，都是造訪尾道的文學家歌詠尾道的詩句；不止如此，每年尾道觀光協會還會舉辦「俳句祭」，入選作品印在燈上，千光寺公園櫻花盛開時，夜燈亮起，既賞夜櫻也賞俳句，如此風雅，難怪尾道亦被喻為「文學之町」。

尾道是如此地詩情畫意，但第一次造訪尾道時，我竟像《東京物語》中那回家奔喪，卻來去匆匆的不孝子女；僅在尾道吃了碗「朱華園」拉麵、坐纜車上山賞了千光寺公園盛開的櫻，連千光寺都不及細看，只因那晚花了大錢訂了「極上的溫泉宿」，距離尾道舊市區有點遠，得趕著回到尾道駅前，等待旅館的送迎車。但僅僅是驚鴻一瞥，回到台灣後，時不時地，

Day 5

晚上抵達尾道，在 Onomichi U2 小酌，欣賞由倉庫改建的自行車旅館、餐廳、商店。
宿：Hotel Cycle

2 | 1　**1**「映画資料館」內有一張《東京物語》的拍攝場景標示圖
2 小津安二郎與志賀直哉，作品中都曾以尾道為舞台

腦海裡還是常常浮現尾道的景象。

所以這次造訪尾道，雖然白天在宮島玩了一天，卻刻意捨棄了在宮島住一晚的念頭，在夕陽中坐著山陽本線緩緩駛來，只為想多給尾道一些時間，這回在尾道住了二晚，益發覺得這個小鎮實在耐人尋味。

第二天一早，把行李送去「料理旅館　魚信」後，剛好「映画資料館」就在旅館對面，於這次的尾道散步之旅，切切實實地從小津安二郎開始，更符合我「朝聖」心情。

當然，尾道的魅力，絕對不只小津安二郎。正因為多給了尾道一點時間，從千光寺拾級而下，探訪志賀直哉的舊居、貓之細道的途中，回眸一望，海灣群島層層疊疊，房舍船桅古寺相間，看似雜亂，卻異常寧靜，許多「個性派」咖啡館、喫茶室，或藏於石坂坡道間，或在熱鬧的商店街；尾道，原來也有很多好吃的麵包、鬆餅，等待旅人

把行李送去「料理旅館　魚信」，參觀尾道「映画資料館」、「淨土寺」，坐千光寺纜車前先吃 COMMON 鬆餅，登上展望台後沿文學小徑至千光寺，散步至「志賀直哉舊居」、走「貓之細道」到「招財貓博物館」，尾道商店街與海岸通交錯漫步。

宿：料理旅館　魚信

一一來探索。

尾道還有另一個重頭戲，是「しまなみ（shi-ma-na-mi）海道」（島波海道）之旅。從尾道駅出來，對面就是尾道港口，在這裡可以坐船到對面的向島，這段航程僅僅五分鐘，號稱日本最短的航路，但是更多人喜歡帶著自行車上渡輪，展開一段長達七十公里的自行車之旅。

「しまなみ海道」，是日本唯一一條可以騎自行車「横斷」瀨戶內海的道路，從尾道起始，連貫本州的廣島縣與四國愛媛縣的今治市，瀨戶內海六個小島以十座大橋島島相連，沿途有山有海有大橋，自行車道非常完善，就算體力不濟，也可以中途還車再坐公車返回尾道；在尾道港時，我看見一群小朋友，在老師的帶領下，個個全副武裝出發，卻只能乾瞪眼羨慕得不得了！（因為我不會騎自行車）

這次在尾道雖然待了二晚一白天，卻還是成了《東京物語》中那些來去匆匆的子女；尾道，怕是待上一個星期，也不嫌氣悶哪！

小朋友全副武裝向「しまなみ海道」出發！

主要祭典

3 月底至 4 月初：千光寺公園花見

5 月：尾道みなと祭

7 月至 8 月：因島水軍祭、住吉花火大會

尾道散步地圖

Tips：
周遊尾道最好購買「尾道 Free Pass」，包含纜車來回票及巴士一日券，僅 600 日圓。

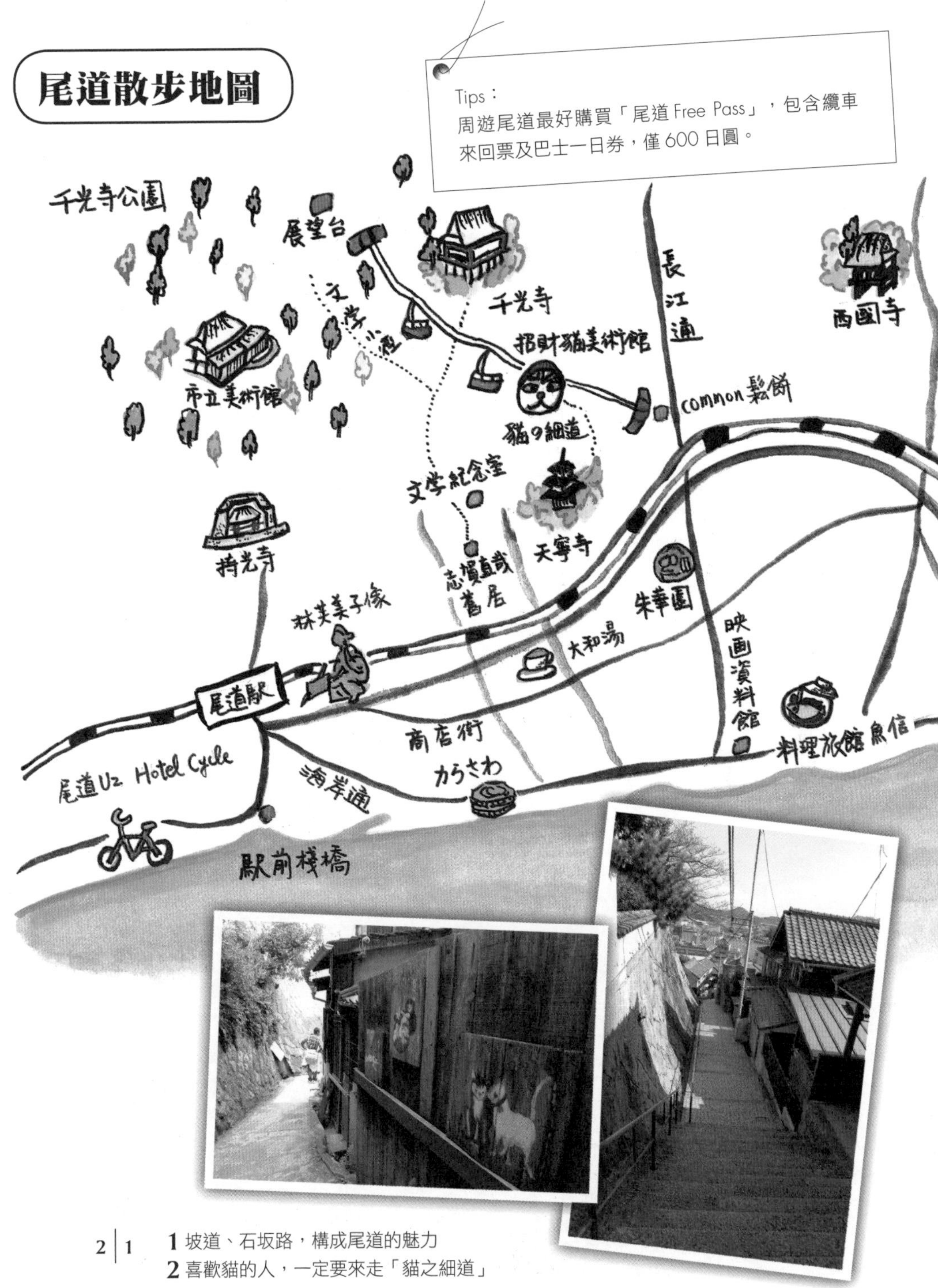

2 | 1

1 坡道、石坂路，構成尾道的魅力
2 喜歡貓的人，一定要來走「貓之細道」

千光寺公園 瀨戶內海三重奏

即使你只有半天的時間留給尾道，也不能錯過「千光寺公園」。

「千光寺公園」以西元八〇六年空海大師開基的「千光寺」為名，但是周圍一千八百株櫻林，卻是山陽線上最著名的賞櫻景點；坐纜車直上山頂，「空中散步」的時間只有三分鐘，還來不及欣賞沿途風景，即已到站。登上千光寺展望台，包準你會忍不住喊了一聲：「哇！」

我把這景色稱為「尾道三重奏」。

第一重的主題是「海港」；山下的尾道與對面的向島，隔著如玉帶般的海灣彼此相望，櫛比鱗次的房舍與船舶，奏出的是人間的繁華。

第二重的主題是「島波」；尾道把南部的六島十橋，取名為「島波海道」，登上展望台，散落於瀨戶內海的芸予諸島，層層疊疊，盡收眼底，這才發現「島波」這兩個字用的真好，原來島嶼也可以成為大海中的波浪，奏出了大自然的神奇。

第三重是「櫻花」；千光寺公園能夠名列「賞櫻名所百選」，大片櫻林自然不在話下，別的賞櫻名所與之相伴的，往往是城樓、古寺、水道，營造出純粹的「和風」，但是千光寺公園的櫻林，卻是把前面的「島波」、「海港」，再染上一層粉彩，奏出獨有的嬌媚。

賞櫻是日本人天生的DNA，千光寺公園這樣一個賞櫻名所，當然不乏遊客，但是說也奇怪，即使是在櫻花滿開的假日，千光寺公園內依然不喧鬧、不擁擠，也許是尾道的文學氣息，讓尾道觀光協會在舉辦櫻花祭時，不以香味四溢的燒烤小販來陪伴遊客，反而用燈籠上的徘句來襯托櫻色。

公園內的「尾道市立美術館」，是安藤忠雄二〇〇三年的作品。有人誤以為整棟美術館都是安藤忠雄所設計，但其實安藤忠雄負責的是前方的新館，也就是入口處那棟混凝土與玻璃帷幕的建築，後方的舊館是已被列入文化財的「西鄉寺本堂」；新舊相連的美術館，已成尾道的地標。

上回遊尾道，被千光寺公園盛開的櫻花迷惑，根本無暇走到千光寺，這回重遊尾道，才仔仔細細地把千光寺好好地看一遍。千光寺內奇岩處處，但最著名的，則是本堂旁邊的

3 | 2 | 1

1 尾道三重奏，第一重：海港
2 尾道三重奏，第二重：島波
3 尾道三重奏，第三重：櫻花

「玉の岩」；尾道有個「玉岩傳說」，指的就是這個「玉の岩」，傳說原來在這塊烏帽子岩上，有一顆寶珠（玉），夜裡會發出耀眼的光芒，指引海上的船隻，因此這座寺廟才稱為「千光寺」。

相傳這顆會發光的玉石，吸引了遙遠國度的皇帝，派了一群人來尋找這塊玉石，最後有兩個人終於找到了這裡，決定把玉石偷走，沒想到，卻在把玉石搬上船時，不小心掉進了海底，所以現在「玉の岩」上的圓石，並非原來的玉石，當然也就不會發光了。

若是從纜車上眺望，你會發現千光寺的本堂「赤堂」，與「玉の岩」、「鐘樓」剛好連成一線；建於懸崖邊的本堂，因塗上朱漆而稱「赤堂」，與京都的清水寺都是屬於舞台式的建築，雖然沒有清水舞台那麼壯麗，但是懸在半空中，也是眺望尾道美景的好所在。不過，本堂所供奉的祕藏佛像千手觀音，三十三年才露面一次，實在有點不親切。

「玉の岩」另一側有座紅頂白底的「鐘樓」，又稱「驚音樓」，每年除夕夜響起的鐘聲，是尾道的象

3 | 1/2

1 尾道市立美術館前方新館為安藤忠雄所建，後方舊館是西鄉寺本堂

2 尾道櫻花祭，燈上寫著向市民募集的徘句

3 千光寺的鐘樓（右）與玉の岩（左）

徵。日本人還把「驚音樓的鐘聲」列為「日本の音風景百選」，連聲音都可以搞「百選」，只能說，日本推銷觀光真是不遺餘力啊！

我站在朱紅色的「鐘樓」旁，此刻鐘聲當然沒有響起，有的只是此起彼落的相機卡喳聲。但是看著對面向島的山色，與瀨戶內海群島的風光，想起剛剛走過的文學小徑，屬於志賀直哉的那塊大石，正是他《暗夜行路》中，那段描述千光寺鐘樓的文字，我試著翻譯：

「到了六點，千光寺的鐘就會被敲響，只聽『銑』地一聲響起，緊接著又是『銑』一聲迴響，一聲、一聲、又一聲，從那遙遠的地方傳了回來。從那時開始，向島的群山之間，那在白天只能看見一小點的百貫島上，燈塔亮了起來，光芒閃了一下，又消失。……」

坐纜車上千光寺公園，3 分鐘就到山上

千光寺纜車站

官網：http://onomichibus.jp/ropeway/

營業時間：9:00-17:15，櫻花季平日至 18:00，週五、日至 19:00，週六至 21:00

票價：單程 320 日圓，來回 500 日圓，在尾道巴士中心可購「尾道觀光 free pass」較為划算

千光寺：http://www.senkouji.jp/index.html

千光寺內奇岩處處，這塊是梵字岩

文學的尾道

看到海了。可以看到海了。五年不見，尾道的海讓人懷念。

火車駛過海邊，被煙薰得黑黑的小鎮人家屋頂，如燈籠般地延伸。

看到紅色的千光寺，山是如此地清爽嫩綠，碼頭紅色的帆船面向綠色的海，桅桿直入天空。

我　熱淚盈眶。

日本女作家林芙美子在《放浪記》中的這段文字，幾乎已經變成宣傳尾道觀光的廣告詞。

林芙美子，這位出生於下關，卻在尾道成長的女作家，前半生窮困潦倒，被男人拋棄，卻依然堅持創作，她的成名作《放浪記》是她的自傳式小說，她筆下的女人，總是受盡折磨，就如同她所說的：「花的生命是短暫的，而人世的苦難卻是漫長的。」因此也有人把她喻為「日本的蕭紅」。

千光寺公園內有一條「文學小徑」，一公里長的小路立了二十五塊石碑，一人、一句、一石，刻著二十五位文人墨客對尾道的歌詠，但是，就屬《放浪記》石碑最大塊，可見尾道人對她是多麼地「偏心」。

尾道的「文學三館」，指的是「中村憲吉舊居」、「文學紀念室」、「志賀直哉舊居」；在「文學紀念室」可以購買所謂的「三館共通入

林芙美子像位於商店街入口

場券」，但實際走訪時，發現「中村憲吉舊居」根本沒人看管。

我對中村憲吉較陌生，只知道他是「アララギ派」歌人，「アララギ派」是在正岡子規俳句革新之後出現的一個和歌流派。中村憲吉一生創作三千多首短歌，但英年早逝只活到四十六歲，這一處舊居是他過世前在尾道療養的居所。

比較有看頭的是「文學紀念室」，數寄屋式的建築還有一個小庭園，原來是當地企業家福井家的舊宅，如今已被列入文化財。「文學紀念室」裡收藏了許多作家的手稿、用品，其中一處，還重現了林芙美子在東京的書齋擺設。

日本的文學家都很愛搬家，志賀直哉也不例外，比較起志賀直哉在奈良親手設計的那棟和、洋折衷的故居，尾道的「志賀直哉舊居」屬長屋式建築，是一九一二年志賀直哉與父親吵架後，離開東京在尾道暫居之所；志賀直哉家境富裕，父親是日本財界重要人物，但這棟舊居三間式的格局卻很簡單，顯然他在此居住的時間並不太長，果然，查了資料，發現只有短短一年的時間。

事實上，志賀直哉與他的父親屢屢發生衝突，關係一直不太好，也許正是因為這個緣故，他才會在尾道這間舊居中，構思出《暗夜行路》的故事架構——一個母親與祖父不倫，生出一個私生子的故事。

志賀直哉在尾道的舊居是棟格局簡單的長屋

從纜車站出來，沿著文學小徑走，可到千光寺

尾道文學三館

票價：共通券 300 日圓

開放時間：11 月至 3 月 9:00-17:00，4 月至 12 月 9:00-18:00

休館日：12 月至 2 月每週二休，12/28-1/3

李登輝走奧之細道，我走貓之細道

熟悉日本文化的前總統李登輝，多年來的夢想就是循著俳聖芭蕉的腳步，來一趟「奧之細道」之旅，卸任總統之後，他總算是完成了這個心願。

朋友聽到我這次要在日本玩十四天走訪「十大風格小鎮」，對於能玩這麼久，個個都很羨慕，但比起芭蕉在一六八九年走訪日本東北、北陸，歷時五個月的「奧之細道」之旅，實在是小巫見大巫！

還好，輸人不輸陣，我雖未走「奧之細道」，卻在尾道走了一段「貓之細道」。此道雖非彼道，但曲徑通幽，充滿趣味，相形之下，文學的尾道、電影的尾道，固然讓人嚮往，但回來台灣之後，對於尾道的記憶，卻因為「貓之細道」變得更鮮活。

「貓之細道」，其實是從天寧寺三重塔到「招財貓美術館」之間，一條僅僅二百公尺的小路，但是小徑蜿蜒，處處有驚喜；一九九二年，藝術家園山春二把自己創作的「福石貓」，隨意置放在這條小路上，從此，「貓之細道」之名便不脛而走。

除了安安靜靜躺一角的「福石貓」之外，木板牆上、路邊座

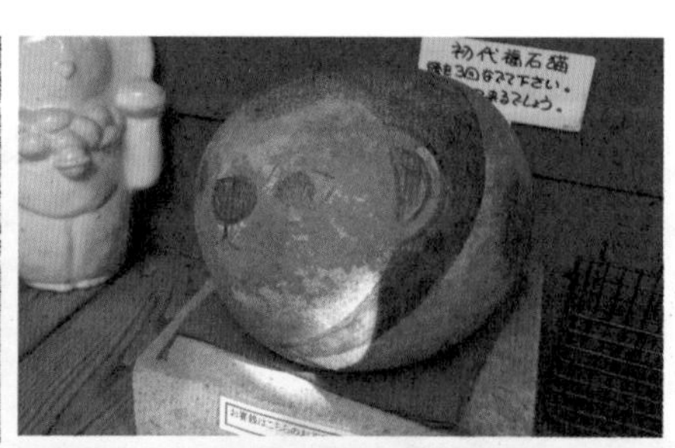

3 | 1/2

1 初代的「福石貓」，顯然已上了年紀
2 「貓之細道」的木板牆也有貓繪圖
3 「梟の館」是「貓之細道」上的人氣咖啡館

1 舉凡你所想到的招財貓造型，「招財貓美術館」都可以找到
2 走累了？在貓椅上歇一歇吧！
3 「貓之細道」是從「招財貓美術館」到天寧寺三重塔間的一條小路

椅……，「貓之細道」果然貓影處處，稍不留意，就遺漏了貓的蹤跡。但「貓之細道」並不只有貓，還有古民家改建的咖啡館，像爬滿植物的「梟の館」，有著香草庭園的「プーケダルプル」，還有一家廢屋改建的「SAKA Bar」。

最後來到「招財貓美術館」，小小的民宅完全被「貓淹沒」！從地上到天花板，舉目所見都是各種貓玩偶，最有趣的是，樓梯間一塊黑貓彩繪玻璃，不知是誰，在玻璃上放了條魚，黑貓頓時變成饞貓，讓這塊彩繪玻璃有了新的生命。

「招財貓美術館」以前有個大明星，叫做「小梅」，可惜幾年前小梅已作古，許多貓迷慕名而來，沒看到小梅好失望，所幸現在有了「小梅二代目」在此坐鎮，毛色雖不同，但一樣很可愛。

招財貓美術館

交通：從千光寺纜車走路 3 分鐘
營業時間：平日 11:00-17:00，周末假日 10:00-17:00，週四休
入館料：200 日圓

與世無爭的尾道咖啡館

尾道的咖啡館很奇妙，即使門庭若市，也洋溢著一股與世無爭的氣息。

或許尾道這個小鎮太適合散步了，所以有那麼多的咖啡館藏在這個小鎮的一角，每一間都小巧可愛，充滿鄰家氣息；像「Waffle COMMON」就開在千光寺纜車站旁，觀光客川流不息，但也安安靜靜。其實上回來尾道時，就想來吃 COMMON 的鬆餅，但可惜那時等位子的人大排長龍，這次不到中午就來報到，把鬆餅當午餐。第一口鬆餅送進嘴裡時，只能以「驚豔」來形容，溼溼潤潤的、充滿空氣感，難怪「Waffle COMMON」自一九七七年開業以來，人氣一直居高不下。

尾道在地人最喜歡吃的冰淇淋，則位於海岸通；在街上隨便問個人：「からさわ怎麼走？」每個人都可以告訴你它的方向。昭和十四年（一九三九年）開業的「からさわ」，最著名的是「最中冰淇淋」，只用雞蛋、上白糖、牛奶做的冰淇淋，夾在八角形的最中裡，是懷舊的古早味，最單純，也最純粹！

「からさわ」店內闢了一個喫茶區，可以讓客人坐在裡面，邊吃冰淇淋，邊欣賞前方的海岸風光；離開前，剛好有一群小朋友跑

Waffle COMMON 位於千光寺纜車站旁

進來買冰淇淋，顯然「からさわ」仍然是尾道人永遠的兒時記憶。

轉入尾道商店街，這裡有一家有趣的咖啡館叫做「大和湯」，其實它真正的名字叫「ゆーゆー」，也是「湯」的意思；這棟水泥牆面的建築，是明治末期所蓋的錢湯，如今變身為咖啡館，兼賣各種尾道土產，店內保留錢湯時代的裝潢雖不多，但是挑高的天井，與牆壁上常見的浴室白磁磚，依稀仍是錢湯的模樣。

尾道人最愛的冰淇淋からさわ位於海岸通

からさわ的最中冰淇淋是尾道人兒時的記憶

1 Waffle COMMON 的鬆餅很溼潤
2 「大和湯」是錢湯改造的咖啡館

Waffle COMMON

官網：http://www.common.jp/
營業時間：9:00-19:00，週二休
地址：尾道市長江ロ一丁目 2-2，
纜車站前，3 月及 8 月無休

からさわ

官網：http://www.ice.jcom.to/
營業時間：9:00-19:00，週二休
11 至 2 月提前至 18:00 打烊，
每月第二個週三加休
地址：尾道市土堂 1-15-19

大和湯　ゆーゆー

營業時間：10:00-18:00
地址：尾道市土堂 1-3-20，週四休

台灣人開的尾道拉麵名店「朱華園」

尾道拉麵開始享譽日本全國，約莫是昭和三年（一九二八年）以後的事。做為一個海港，尾道很自然地發展成一個移民城市，尾道拉麵的發展，與中國息息相關。當時從福建移民到尾道的張氏，以青竹製作麵條，弄了個小攤子在街邊叫賣；麵條方便易食，加上以牛骨與豬骨熬製的白濁湯底，開啟了尾道「支那そば」的歷史。

不過，太平洋戰爭爆發，物資的短缺一度中斷了拉麵的供應，直到戰後，美國的麵粉大量進口，加上利用瀨戶內海魚貝類所熬製的透明湯底，尾道拉麵才又復活。

現在尾道最著名的拉麵，是從千光寺纜車站一直走過來「朱華園」。這家在一九四七年由台灣人所開的小麵攤，現在由第二代經營，如今已成為全日本的拉麵名店，以磁磚拼貼的雕花招牌象徵著它的歷史，每天門口總是大排長龍，所幸拉麵翻桌快，排隊不到三十分鐘，我已進門享用。

招牌拉麵「中華拉麵」端上來時，表面一層浮油，還灑了許多豬脊肉油花，我有點擔心地喝了一口湯，沒有油膩感，才開始大快朵頤。「朱華園」的拉麵，Q勁十足，果然名不虛傳，湯頭味美，但吃到後來，還是覺得太鹹，我忍不住歎：「在日本，要尋訪一碗不鹹的拉麵，怎麼這麼難？」

「朱華園」是尾道最著名的拉麵店，由台灣人所開

「中華そば」看起來油亮亮，還灑了大把豬脊肉油花，但並不油膩

尋訪小津安二郎的電影世界

喜歡小津安二郎的電影迷，不會錯過「尾道映画資料館」。小津安二郎會選擇在尾道拍攝《東京物語》，是受了志賀直哉《暗夜行路》中，對於尾道街景描述的影響，小津安二郎一直很尊敬志賀直哉，稱他為「大先生」，他後來住在鎌倉時，與住在鎌倉的作家們，如：里見弴、川端康成、大佛次郎、小林秀雄等建立了良好的交情，據說也是出自於志賀直哉的介紹。

「尾道映画資料館」內，一進門就可以看到很多古早的攝影機，但最受人矚目的，是小津安二郎慣用的八厘米攝影機；除了《東京物語》之外，還有許多以尾道為舞台的電影劇照，二樓還有另一位與尾道關係密切的導演新藤兼人的專區。

館內另有一間放映室，播放的正是公開募集以尾道街景為取材的短片，頗有傳承鼓勵的意味。坐在裡面看了一會兒，淡淡的鄉愁，把尾道小鎮的悠閒情緒表露無遺。

距離「尾道映画資料館」走路十分鐘，可以到達「淨土寺」，《東京物語》中飾演老父的笠智眾與飾演媳婦原結子，站在石燈籠前凝望著遠方，老父口中唸著：「今天又是很熱的一天啊……」，空中還有電車線，就是在此拍攝的。我本來想「復刻」這經典畫面，可惜石燈籠已從坡道移到了寺

館內有許多小津安二郎電影的劇照

淨土寺

官網：http://www.ermjp.com/j/temple/
開放時間：9:00-16:00
拜觀料：600 日圓
交通方式：坐尾道公車在「淨土寺下」下車

尾道映画資料館

官網：http://www.bbbn.jp/~eiga2000/
開放時間：10:00-18:00，週二休，12/28-1/1 休館
入館料：500 日圓
交通方式：坐尾道市公車在「長江口」下車走路 2 分鐘，若坐觀光巴士則在「市役所前」下車

3 | 1 / 2

1 電影迷來尾道必訪「尾道映画資料館」
2「淨土寺」的多寶塔（右）已列為國寶，阿彌陀堂（左）造型優美
3 小津安二郎當年所用的八厘米攝影機

內，雖然山門前也有好多石燈籠，階梯下的鐵道電線也依舊在，但怎麼拍，就是不像電影中的場景，真是感歎經典就是經典，實在難以複製啊！

其實「淨土寺」不僅是電影中的場景，它也是尾道歷史最悠久的古寺，這座在西元六一六年由聖德太子開基的古剎，曾經一度沒落，直到鎌倉時代定証上人發願再興，在寺內安置了十一面觀音像，才讓「淨土寺」成為尾道信仰的中樞。

淨土寺的山門、本堂、多寶塔，都是在鎌倉時代所建，本堂與多寶塔都已被列為國寶；多寶塔旁邊的阿彌陀堂造型優美，建造時間稍晚，是南北朝時代的建築，但是距今也有六百多年。

不會騎自行車，也要住自行車旅館

在一休.com上看到Hotel Cycle，覺得實在太酷了，我當下決定，在尾道，一定要住在這裡！

Hotel Cycle是一間「自行車旅館」，說來慚愧，從小在台北長大的我，並不會騎自行車，現在自行車之旅很發達，不會騎自行車，旅行難免少了些樂趣，但年歲漸長，怕摔，所以每次看別人騎車逍遙遊，總是好生羨慕。

就算不騎車，我還是想住Hotel Cycle。Hotel Cycle位於尾道駅出口的右邊，與商店街、千光寺等觀光重點剛好相反；事實上，尾道駅右側是しまなみ海道之旅的起點，從尾道駅前港口到Hotel Cycle，這一帶彷彿「自行車專區」，從自行車的租借、停放、投幣式洗澡間、帶車坐渡輪、食物補給……，一應俱全。

Hotel Cycle其實是縣營二號倉庫改造的複合性設施U2的其中一部分，既然以自行車為主題，U2內唯一的品牌專賣店，就是捷安特；U2的空間設計完全發揮倉庫通透的的特性，雜貨、酒吧、餐廳、麵包店，各據一角，卻毫無阻隔地彼此相連，經營方式也是彼此支援。

比方說，入住Hotel Cycle的迎賓飲料，是在酒吧任選一杯有酒精或無酒精飲料；早餐的麵包，則由麵包坊供應；U2的工作人員都很年輕，而且非常熱

Hotel Cyde是專為車友設計的旅館

U2是縣營倉庫改造的複合型設施

情，入住時，不知為何，我的 iphone 手機與旅館的 wifi 一直連不上線，工作人員試了許多方法，最後還打電話到設備廠商去詢問，雖然一直沒有解決，但已讓我充分感受到盡心盡力解決問題的熱情。怪異的是，前一晚怎麼搞都連不上的 wifi 訊號，竟然在第二天早上，就自動連上了！

Hotel Cycle 既是為車友設計的旅館，整體的色彩與風格都很「man」。館內有不少與自行車相關的器材（雖然我完全不知道那是什麼）；房間裡最醒目的裝置是一個大掛鉤，這個掛鉤不是讓你用來掛衣服，而是掛自行車。

我最喜歡的則是浴室，空間寬敞不說，打開窗戶，窗外就是海岸，但窗戶設計得很用心，只能開啟窗戶下緣，讓海風可以吹進來，又沒有走光的危機。

Hotel Cycle，真是一家有趣的旅館。誰說一定要會騎自行車，才能住「自行車旅館」？

2 | 1
3 |

1 Hotel Cycle 房間色調很沉穩

2 Hotel Cycle 位於 U2 尾端，以裝置藝術區隔其他空間

3 許多年輕人喜歡來 U2 用餐

U2

官網：https://www.onomichi-u2.com

交通：從尾道駅出來往右走，約 10 分鐘

Hotel Cycle 費用：一泊朝食一人 9,720 日圓起

為了吃虎魚料理，不惜換旅館

明明 Hotel Cycle 那麼有趣，這次僅僅在尾道住兩晚，為什麼我還要不嫌麻煩地換旅館？

坦白說，這一切都是為了吃。

「料理旅館 魚信」是尾道頗負盛名的老牌料亭，數寄屋式的建築距今已有百年歷史，雖然設備有些老舊，浴室也只有一間讓房客貸切共同，但從大正時期創業以來深受許多文人喜愛，從庭園到茶室，從休息室到房間，「料理旅館 魚信」其實很有氣勢！特別是它的料理，在尾道非常出名。瀨戶內海的**オコゼ**（虎魚），模樣奇醜無比，背鰭棘中有黏液，含毒性，但無論魚肉、內臟，皆深受饕客喜愛；「魚信」擅長做虎魚料理，我不惜搬行李換旅館，就是為了品嚐虎魚的美味。

「魚信」發揮虎魚每個部位的特性，把魚皮做成魚凍，生魚片薄切肉質很Q彈，炸成天婦羅後魚肉變得格外膨鬆柔軟；女將得意地告訴我，別看虎魚長得醜，其實每個部位口感都不一樣，尾道一年四季都有虎魚，但在夏季特別多。

「魚信」的晚餐份量頗豐，最後海膽飯端上來時，老實說，已經吃不下了，但是海膽耶，怎麼能錯過！還是硬撐著，把它吃光光！

2 | 1

1 每個房間都可以看到海港
2 虎魚生魚片，肉質Q彈

料理旅館 魚信

官網：http://www.uonobu.jp/
交通：從尾道駅坐計程車 5 分鐘；坐尾道市公車在「長江口」下車步行 7 分鐘；坐觀光巴士在「久保三丁目」下車走路 2 分鐘
價格：含虎魚料理的一泊二食 18,900 起

尾道交通攻略

如何抵達尾道

同樣位於廣島縣的尾道市，山陽新幹線只有こだま號（ko-da-ma）停靠「新尾道」，得再坐十五分鐘的巴士，才能抵達「尾道」。由於こだま號一小時一班，除非時間配合得宜，否則坐こだま號到「新尾道」的人很少。不過，山陽新幹線各列車停靠「福山」的班次很多，因此大多數人會在「福山」下車，再轉搭山陽本線到「尾道」，車程約二十分鐘。

自行車之旅要估量時間與體力

如果想要來趟「島波海道」的自行車之旅，尾道駅右側的「港灣駐車場」有自行車可以出租，普通的自行車一天約五百日圓，但要另外付一千日圓的保證金；由於尾道到向島這一段，自行車不能上橋，所以要帶著自行車先坐渡輪到向島，才能展開自行車之旅。

經過每座跨海大橋時，自行車要另外收費（依橋梁不同，五十至二百日圓不等），但收費方式很君子，自己把錢投進收費箱即可。要注意的是，全長七十公里的「島波海道」，來回就是一百四十公里，雖然可以中途還車再坐公車返回尾道，但非原地還車保證金就不能退，所以出發前，最好先估量自己的時間與體力，決定折返點。

周遊尾道必買「尾道 Free Pass」

尾道的山坡石板路，是尾道獨有的魅力，所以悠閒地散步遊覽，是欣賞尾道最佳的方式。其實從尾道駅徒步走到千光寺纜車站，也不過十五分鐘左右，想要節省腳力，不妨採取「巴士＋散步」的方式，先坐巴士到最遠的景點「淨土寺」，再坐巴士到「長江口」，坐纜車上山再慢慢走下來，畢竟下坡比較不累，沿途亦可遊覽尾道文學館、貓之細道。

所以對觀光客而言，必備的工具是在尾道駅右側的 Bus Center 購買 onomichi free pass，這張一日有效的 Pass，包含千光寺纜車來回票、尾道公車一日券及七個觀光設施的門票折扣優惠；千光寺纜車來回乘車券就要五百日圓，這張觀光 Pass 只賣六百日圓，光是坐公車去搭纜車上下山，就已值回票價。

如果是週末及假日，另有綠頂紅身的觀光周遊巴士運行，約三十分鐘就有一班車，持「尾道 free pass」，一樣可以坐觀光周遊巴士，容易辨識的車體，對觀光客而言，更加方便。

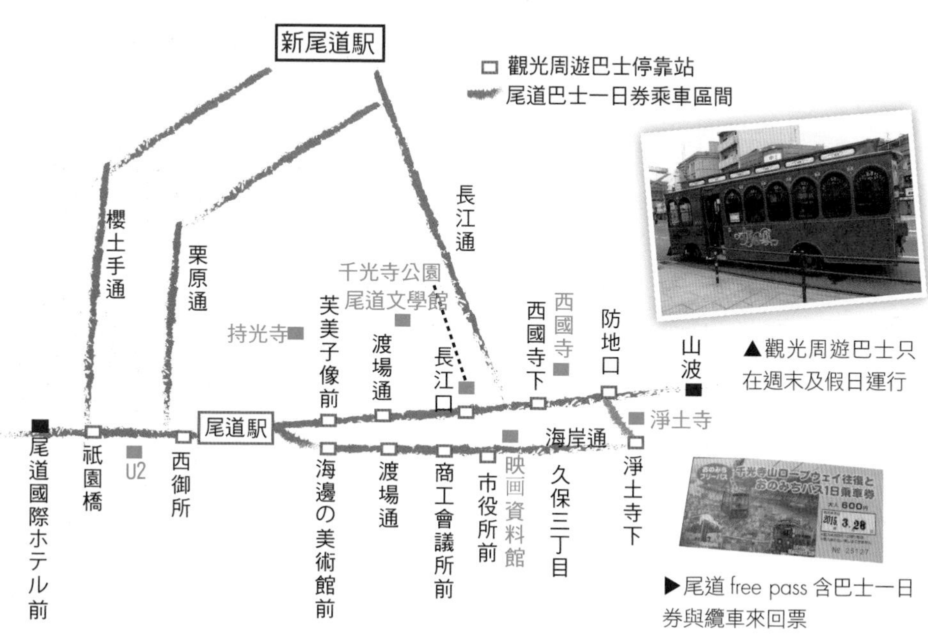

▲觀光周遊巴士只在週末及假日運行

▶尾道 free pass 含巴士一日券與纜車來回票

Day 7

風格小鎮 六 倉敷

大正風華 倉敷浪漫

丸領天

「哈！這不是倉敷嗎？」在看日劇《糸子的洋裝店》（日文原名「康乃馨」）時，我笑了出來，忍不住讚賞劇組的眼光，《糸子的洋裝店》許多外景選在倉敷拍攝，這部戲的劇情與倉敷，真的是太速配了！

《糸子的洋裝店》描述的是日本時裝設計師小篠綾子的故事，雖然小篠綾子是大阪人，和倉敷沒什麼關係，但出生於傳統的吳服屋，卻醉心於洋裁的故事主軸，這樣的和、洋交融，除了倉敷之外，實在想不出全日本有哪個地方，比倉敷更適合做為這部戲的外景地。

許多旅遊書常因為倉敷是幕府的直轄領地「天領（皇室領地）」，形容倉敷美觀地區的白牆土倉，充滿「江戶風情」；但我一直覺得，美觀地區的商家民宅，固然是江戶時代留存的建築，但倉敷川畔「大原美術館」希臘式的神殿、轉彎處「倉敷館」白色的木造洋風建築，更符合我心目中「大正浪漫」的情調。

所謂的「大正浪漫」，指的是日本大正時期一股獨特的文化思潮現象；雖然大正時期僅短短十五年，但接續在明治之後，日本剛打贏了甲午戰爭、日俄戰爭，民族自信空前高漲，因此社會各階層對於西方事物不再那麼抗拒，從建築、藝術到文化思潮，呈現出一種和、洋兼蓄的氣氛，後人將這股文化現象冠以「大正浪漫」之名，就連時髦的女孩，也在這股氣氛下，剪去一頭長髮，燙成貼耳的捲髮，脫下和服換上洋裝，《糸子的洋裝店》正是在這樣一個時代所產生的故事。

倉敷的「大正浪漫」情調，在美觀地區的建築物中表露無遺；自古以來倉敷就是備中的棉花集散地，因此孕育出許多豪商，以大原家為首的「倉敷紡織」，在歷史的轉型中，帶動

從尾道坐山陽本線約一小時到倉敷，逛「林源十郎商店」，散步美觀地區、長春藤廣場，在「三宅商店」吃午餐，散步到東町後，在「夢空間」喝咖啡。
宿：天然溫泉　阿智の湯　ドーミーイン倉敷

給初遊倉敷者的建議

請務必參觀「大原美術館」，若時間足夠，可上鶴形山俯視美觀「白壁之町」；詳細情形可參考胖狗的《愛日本！此生必遊的10條微奢華路線》。

了倉敷產業的革命，配合原本發達的運輸業，倉敷成為著名的「纖維の町」，從傳統的日式藍染到西洋的牛仔布，倉敷南部的兒島，更是日本牛仔褲的發源地。

二〇〇九年初遊倉敷時正值秋天，一轉進倉敷川畔，立刻被變紅的櫻葉、楓葉、青青楊柳、白牆土倉、擺渡人，完全給迷住了！那次在倉敷玩了三天兩夜，本以為對倉敷美觀地區已經很熟悉了，哪知，根本是大錯特錯。

一樣的倉敷川，一樣的本町、東町街道，省去了參觀「大原美術館」、「長春藤廣場」的時間，這次的重點，放在探訪倉敷的個性小鋪，僅僅時隔六年，

1 美觀地區是倉敷的遊覽重點

2 倉敷市的兒島，是日本牛仔褲的發源地

3 從大原家與有鄰莊間的巷子，看大原美術館

發現倉敷的商鋪，完全被牛仔布與mt紙膠帶雙重夾擊！最誇張的是，在通往「星野仙一紀念館」的那條小巷，如今已變成「牛仔一條街」，連肉包子的外皮、冰淇淋都做成牛仔布的顏色，而且，還真的有人買來吃哩！

主要祭典

5 月：5/1-5/5 阿智神社藤祭、阿智神社春祭
7 月：倉敷天領夏祭
10 月：阿智神社秋祭

1
2 | 3
4 | 5

1 長春藤廣場內的洋風建築，曾吸引電視劇來拍攝
2 春天的長春藤廣場，仍不脫蕭瑟氣
3 連散步小吃也要與牛仔布扯上關係
4 白牆土倉，是美觀地區的標誌
5 倉敷處處都是可愛的小鋪

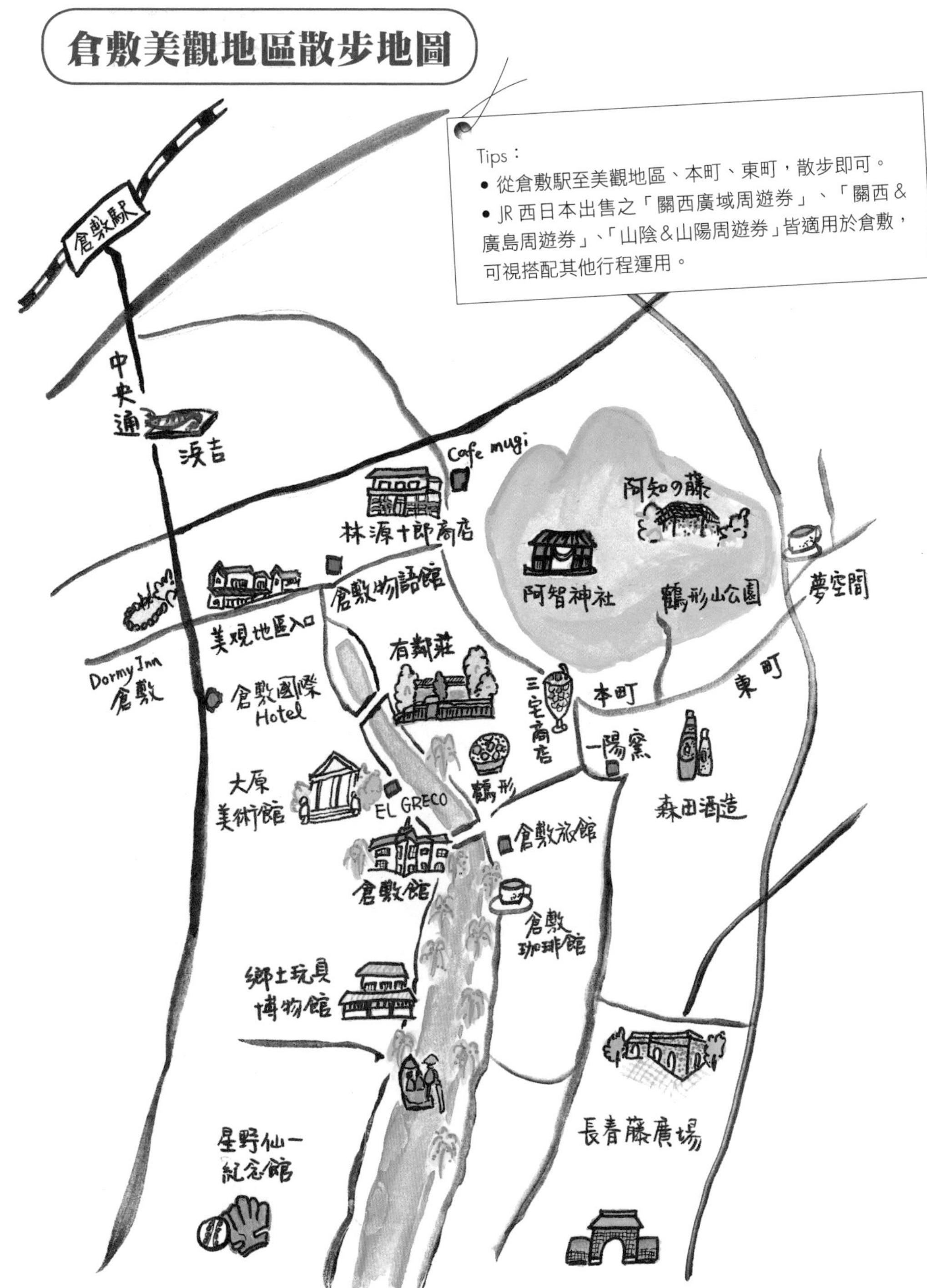
倉敷美觀地區散步地圖
Tips：
• 從倉敷駅至美觀地區、本町、東町，散步即可。
• JR 西日本出售之「關西廣域周遊券」、「關西＆廣島周遊券」、「山陰＆山陽周遊券」皆適用於倉敷，可視搭配其他行程運用。
倉敷駅
中央通
浜吉
Cafe mugi
林源十郎商店
阿知の藤
阿智神社
鶴形山公園
夢空間
倉敷物語館
美観地區入口
Dormy Inn
倉敷
倉敷國際
Hotel
有鄰莊
三宅商店
本町
東町
一陽窯
森田酒造
鶴形
大原
美術館
EL GRECO
倉敷旅館
倉敷館
倉敷
珈琲館
鄉土玩具
博物館
星野仙一
紀念館
長春藤廣場

具有倉敷特色的社會主義市場商人

一九九二年，正當世人開始質疑，改革開放後的中國大陸，還能稱為社會主義國家嗎？鄧小平說：「中國走的是『具有中國特色的社會主義市場經濟』！」令全世界語塞。

我東施效顰，把「具有中國特色的社會主義市場經濟」更動幾個字，變成「具有倉敷特色的社會主義市場商人」，正好說明倉敷商人的特質。

倉敷一直是個商業發達的城市，自然孕育出不少豪商，倉敷兩大遊覽重點——「大原美術館」與「林源十郎商店」，都與商人脫不了關係，有趣的是，應該是資本家的商人，怎麼好像都有些社會主義的思想呢？

「大原美術館」是日本第一座私人美術館，羅丹的雕刻、埃爾．葛雷柯、畢卡索、莫內……，收藏品點數高達三千點（日本有依據其藝術價值給予點數的評判機制，各地的博物館皆會揭露其收藏品的總點數，如上野公園的國立西洋美術館，收藏品總

黃綠色的有鄰莊是大原孫三郎蓋給老婆的別墅

2 | 1

1 大原美術館內的新溪園，原來是父親大原孝四郎的別墅
2 希臘風格的大原美術館很醒目

大原美術館

官網：http://www.ohara.or.jp/
開放時間：9:00-19:00，週一休
門票：與兒島虎次郎紀念館共通票 1,300 日圓

點數為四五六四點。）這座美術館的主人——大原孫三郎，是大正昭和時期倉敷的大地主，也是倉敷紡織的老闆，在他的資助下，畫家兒島虎次郎為他購進上百幅世界名畫，成為「大原美術館」誕生的契機。

大原孫三郎留給倉敷的遺產，可不只有這一間美術館；對內，他改善倉敷紡織工廠工人的勞動條件，在工廠內設學校讓員工讀書，鼓勵員工子女就學；對外，他開辦醫院、捐助孤兒院，還成立「大原社會問題研究所」研究馬克思主義，一度引起警方高度警戒，但也為倉敷地區孕育出許多政治家。

倉敷最美的建築，都與大原孫三郎有關。希臘式神殿的「大原美術館」，是他所建；美術館內有一棟日式建築「新溪園」，是他為父親所建的別墅；對面的「舊大原邸」是他的豪宅，隔壁黃牆綠瓦的「有鄰莊」，是他為歌人老婆大原壽惠子建造的別墅；美觀地區後方的

「長春藤廣場」，是由「倉敷紡織」紅磚倉庫群改建的複合式設施，遊逛倉敷，處處都可以感受到大原孫三郎的存在。

第一次遊倉敷，因為大原美術館，認識了大原孫三郎；第二次遊倉敷，因為「林源十郎商店」，又認識了倉敷另一位商人林源十郎。

「林源十郎商店」的二樓，有一間「林源十郎商店紀念室」，雖然不像大原家那樣顯赫，但一六五七年在倉敷經營藥材鋪的林家，從第八代店主林孚一，到第十一代的林源十郎，均受到當地人的愛戴，除了照護倉敷居民的健康之外，從事社會公益亦不落人後，即使是在資源匱乏時，林源十郎對岡山孤兒院的藥品供給，也從來沒斷過。

看了相關的資料，才知道原來林源十郎與大原孫三郎是好朋友。當年大原孫三郎是在林源十郎的引介下，才認識了有「孤兒之父」之稱，日本第一座孤兒院「岡山孤兒院」創辦人石井十次，石井十次人道主義的關懷，讓大原孫三郎非常感動，這才讓大原孫三郎告別了年少輕狂，開啟日後救困扶貧的善行。

有趣的是，林家藥房換過好多名字，在林源十郎那一

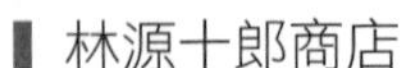

林源十郎商店

官網：http://www.genjuro.jp/

地址：倉敷市阿知 2 丁目 23-1

營業時間：各店鋪營業時間不一，週一休的店鋪最多

2 | 1

1 林源十郎商店已成為許多年輕人到倉敷必訪的目標

2 「林源十郎商店」把倉庫與離れ改造成餐廳及商鋪

2 | 1
4 | 3

1 三宅商店與倉敷生活設計美術館結合，裡面的椅子每張都不一樣
2 林家藥房換過好多名字，算算竟有 7 個
3 「林源十郎商店紀念室」還保留林家藥房以前的藥櫃
4 大原美術館晚上打上燈，更有神殿氣息

代，才改名為「林源十郎商店」，（現在又改制為株式会社エパルス，everlth 製葯），不過，現在的「林源十郎商店」，並非由 everlth 製葯經營，只是在「林源十郎商店」的舊址，把原來的主屋、離れ、倉庫等舊建築重新改造，以「倉敷生活設計市集」為概念，重新出發。

「林源十郎商店」現在已經成為倉敷最熱門的景點，許多年輕人現在到倉敷，可以不逛「大原美術館」，卻絕對不會錯過「林源十郎商店」；本町著名的咖啡館「三宅商店」，在「林源十郎商店」設了分店，成為二樓「倉敷生活設計美術館」的咖啡館，客人坐的椅子，每一張都不一樣，而且人不多，讓不想排隊的人多了一個選擇。

從和雜貨到家具，從兒島牛仔褲到 mt 紙膠帶，從 Pizza 到咖啡，「林源十郎商店」如今販賣的已經不是治癒疾病的藥丸，而是療癒心靈的生活，成為一個具有倉敷氣息的文創市集。

春秋倉敷

秋天的倉敷，美得教人心慌，這次再遊倉敷心裡充滿期待，哪知一到倉敷，竟來個大陰天！一直到傍晚，雲層才稍稍散去。

更讓人失望的是，倉敷川畔的楊柳、樹木，光禿禿的，還沒長出幾根毛，本以為春天來倉敷，草木會欣欣向榮，倉敷川畔雖有幾株櫻花，卻因尚未滿開，顯得有些稀落；我原本預期那棟爬滿長春藤的咖啡館「EL GRECO」，與「長春藤廣場」內的紅磚倉庫，會是生機盎然的綠葉，沒想到，藤蔓仍然枯黃，誇張的是，居然比秋天還蕭瑟。

還是來早了！此刻，我終於知道，為什麼日本人的「新綠」形容的是夏天，不是春天，因為日本的春天，乍暖還寒，草木根本還沒甦醒。

「期待」往往是旅行的殺手。我看著四周造訪倉敷的旅人，被倉敷的小橋流水、海鼠壁倉庫、洋風建築，勾引地猛按快門；唯獨我，意興闌珊，只因期待錯了，想像落空。再次證明，四季分明的日本，春夏秋冬，景色大不同。

「EL GRECO」是倉敷的知名咖啡館，爬滿牆壁的長春

2 | 1
1 春天的倉敷川畔，櫻花剛剛開花
2 秋天的倉敷川畔，櫻葉變紅更嬌豔

2 | 1

1 春天的倉敷川，楊柳枝葉稀稀落落

2 秋天的倉敷川，沿岸草木茂密許多

藤，讓每個到倉敷來的人都為之側目；從名字即知，這間咖啡館以西班牙宗教畫家埃爾．葛雷柯（EL GRECO）為名，大原美術館的鎮館之寶「受胎告知」正是他的作品。日本很多美術館內都附設有咖啡館，但是大原美術館卻偏偏沒有，原來 EL GRECO 的主人本來是大原家的農地管理者，在大原總一郎（孫三郎的長子）的建議之下，才改建成咖啡館，因此館內的牆上也掛著「受胎告知」的複製畫。

設計「長春藤廣場」的建築師，與建造 EL GRECO 的建築師是同一個人，所以「長春藤廣場」的紅磚倉庫也都爬滿了藤蔓，由於建築龐大，氣勢更驚人。

沒有看到想像中的美景，心情難免受影響，但慶幸的是，不管在任何季節，倉敷川的搖船，永遠有新人的身影。

倉敷川河道短，划船時間不用太久，兩岸景緻又美，是日本婚紗攝影最佳的外景地點。遊客看到新人在此拍照，也很興奮，常常鼓掌祝賀，也會識相地閃避躲鏡頭，以免影響新人的拍照。

上次在倉敷，看到日本新娘穿著華麗的「色打掛」，久久不能忘懷，沒想到，這次看到的新人更多，因為春天是結婚的旺季，三不五時就看到新人遊船拍照。除了「色打掛」，還看

1
2

1 秋天的長春藤廣場，充滿金秋色彩

2 春天的長春藤廣場，剛好有櫻花盛開

到有新娘穿著純潔神聖的「白無垢」，站在岸上待一會兒，彷彿欣賞了一場花嫁和服秀。

「おめでとう……おめでとう……おめでとう……」（o-me-de-do，恭喜）一位小朋友在岸邊，看到新人坐船，立刻沿河尾隨，一邊跑一邊高喊：「おめでとう……」，小孩喊得好久，跑了好一段路，引得其他遊客笑聲不歇；明明是不相識的遊客，卻像是對待自己姊姊出嫁，如此熱情又如此不捨，這根本就是日劇中的情景嘛！

買一個倉敷土特產帶回家　mt紙膠帶

這次遊倉敷，充分感受到倉敷的土特產，不是岡山白桃，不是吉備團子，而是mt紙膠帶！

二〇〇六年，來自東京的三位女性，來到了倉敷專門生產工業用和紙膠帶的「カモ井加工紙株氏會社」（Kamoi Kakoshi），參觀和紙膠帶的生產過程，她們對於和紙膠帶如此廣泛應用在建築、汽車等工業感到訝異，但也提出疑問：「為什麼不加一點顏色、圖案，讓這些和紙膠帶變得更美麗呢？」

因為這一句話，「カモ井加工紙株氏會社」嘗試著把日本和紙纖細、淡雅的美感，導入紙膠帶的設計，經過無數次的試驗，終於在二〇〇八年，「カモ井加工紙株氏會社」生產出第一批二十種顏色、圖案的mt（masking tap）紙膠帶；推出當年，即獲得日本設計振興會所頒發的「最佳設計大賞」。從此以後，單調的紙膠帶有了新的生命，許多廠商投入了mt紙膠帶的生產行列，其中不乏邀請知名的設計師、插畫家共同合作，如今的mt世界，已是華麗繽

mt紙膠帶已成倉敷最醒目的土特產

紛、創意無限。

這股mt熱潮很快地吹向了台灣。二〇一四年「カモ井加工紙株氏會社」與誠品書店合作，在台北舉辦「mt博」，大排長龍的隊伍讓人瞠目結舌；展場大樓貼上彩色的mt顯得活力四射，還有mt巴士、從倉敷運來的mt mini cooper，許多台灣mt迷為之瘋狂，難怪台灣成為日本mt最大的外銷市場；據統計，台灣每年mt的成長率，高達百分之二十五。

既然mt的發源地在倉敷，倉敷許多店家對mt的支持當然不遺餘力；二〇〇九年初訪倉敷時，在美觀地區還看不到mt的蹤影，相隔不到六年，如今美觀地區許多店家會在門口貼一張「mt support shop」告示，走進去，就可以買到mt紙膠帶，有一些更是與

如竹堂

官網：http://nyochiku.906.jp/
地址：倉敷市本町 14-5
營業時間：10:00-17:30，週三 11:00-17:00

1 只要有這張 mt 告示，裡面就有 mt 紙膠帶

2 「如竹堂」門口這張海報，宣示這裡是 mt 大本營

3 許多與文具不相關的店，也會賣 mt

3 | 1 / 2

1「三宅商店」是本町最具人氣的咖啡館

2「三宅商店」內有一面牆都是 mt 紙膠帶

3「三宅商店」最具人氣的甜點聖代

文具毫不相關的餐廳、咖啡館。

位於本町的「三宅商店」，就是支持mt不遺餘力的一家咖啡館。老屋改造的「三宅商店」本來人氣就很高，店內的一整面的木頭櫃裡放了許多可愛的mt，許多排隊等著吃「三宅商店」蔬菜咖哩飯、聖代的人，排著排著覺得無聊，乾脆逛起了mt，我在「三宅商店」吃午餐，看到不少人都「順便」買了幾捲mt帶走。

二〇一二年春分開幕的「林源十郎商店」

三宅商店

官網：http://www.miyakeshouten.com/

地址：倉敷市本町 3-1

營業時間：平日 11:30-17:30，週六 11:00-20:00，週日 8:00-17:00，無休

更是mt的大本營。懷抱著把「全國作家召集到倉敷」企圖心的「林源十郎商店」，充滿文創氣息，知名的「倉敷意匠」直營店就在「林源十郎商店」一樓，除了雜貨文具外，還有許多由「倉敷意匠」主導設計的mt紙膠帶。不過，「林源十郎商店」二樓所販售的mt，因為不限於「倉敷意匠」的企劃設計，所以款式與數量比一樓更多。

另一個讓mt迷不能錯過的是本町尾端的「如竹堂」；門口貼的mt大海報，標誌著「如竹堂」裡最醒目也最多的商品，就是mt。我在「如竹堂」內逛了一圈，發現好幾款mt的設計非常有趣，像鍵盤、星星樂譜，還有一款黑白色的倉敷町家圖案，是只在倉敷販售的限定款；買回來後發現，這幾款都是「倉敷町家テープ制作委員會」的企劃設計，為了發展「具有倉敷特色」的mt，竟然還出現這樣一個組織，真是不得不佩服倉敷在mt上的用心。

從製造生產、企劃設計到支持販售，mt紙膠帶，已經成為倉敷最道地的土特產，來倉敷玩，怎能不買一捲mt帶回家！

「林源十郎商店」二樓的 mt 比一樓的多

超有梗的「有鄰庵」

在黃綠色的「有鄰莊」後方，有一棟古民家改建的食堂刻「有鄰庵」；一字之差，「莊」富麗堂皇，「庵」則平易近人。

「有鄰庵」其實是一間民宿兼食堂。

在倉敷，一棟由古民家改建的咖啡館，其實不算稀奇，有趣的是，這裡賣的東西超有「梗」；普普通通的雞蛋布丁，「有鄰庵」以巧克力醬畫上了笑臉，就變成了有梗的「微笑布丁」。「微笑布丁」還不只這一個梗；客人得從一大盤布丁中，挑一個自己喜歡的笑臉，這時服務人員會說：「請先幫布丁拍個照，兩個星期後，看照片想起這個布丁，會變得幸福喔！」雖然不知道每個吃布丁的客人，後來是否真的變幸福，但至少在當下，每個人笑得都很開心。

「有鄰庵」的另一個梗是水蜜桃汁。水蜜桃汁裝在臀部造型的杯子，果汁的顏色和杯子的造型，配合得唯妙唯肖，讓每個人都會心一笑。

不過，我覺得最好吃的，反而是最簡單素樸的「卵かけご飯」，也就是生雞蛋醬油拌飯；好吃的祕訣是店內用的「韮黃醬油」，加了韮黃、鯛魚、昆布、香菇熬煮出來的醬油，非常甘甜，加一匙在白飯、生雞蛋裡，攪一攪，竟成了人間絕品！

這麼有「梗」的「有鄰庵」，難怪每天都大排長龍！

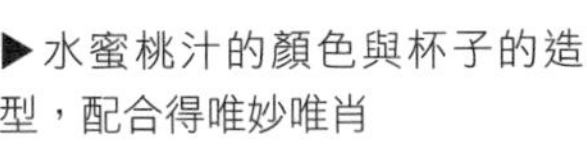

▶水蜜桃汁的顏色與杯子的造型，配合得唯妙唯肖

▶吃了「微笑布丁」會變幸福喔！

「有鄰庵」每天都大排長龍

有鄰庵

官網：http://www.u-rin.com/

地址：倉敷市本町 2-15

營業時間：11:00-18:00，無休

夢空間はしまや

官網：

http://www.hashimaya.com/salon_hashimaya/

地址：倉敷市東町 1-20

營業時間：10:00-17:00，週二休

想喝杯「米藏咖啡」，可得在「夢空間はしまや」沒被包場時

室內氣氛沉穩舒適，讓人不由自主地放鬆

米藏改造的咖啡館　夢空間はしまや

在倉敷散步，最幸福的一件事，就是到處都有很迷人的咖啡館；「東町」的「夢空間はしまや」就是其中之一。

「夢空間はしまや」的招牌很低調，要從楠戶家吳服店旁邊的巷子走進去；事實上，這棟建築物，原來是楠戶家的米藏（日本將倉庫稱為「藏」）。明治初期楠戶家在倉敷經營「はしまや吳服店」，建了這所宅邸，整體布局包括主屋、米藏、炭藏、道具藏，從東町街道上看到的是主屋，二樓還保留著倉敷町家建築特有的「蟲籠窗」；吳服店現在仍在經營，但這處宅邸已被登錄為文化財。

一九九六年，倉敷建築工房將老屋改造，後方的米藏變成咖啡館，所以走進「夢空間はしまや」，會看到有個小庭院與主屋分隔，庭院一角還躺了塊楠戶家的家徽。室內沉穩的原木色調與挑高的屋頂，加上流洩的古典音樂，都讓人不自覺地感到很放鬆，由於氣氛實在太好了，所以「夢空間はしまや」常常被許多藝文團體包場舉辦活動，「はしまや吳服店」也會在這裡舉辦和服展；如果遇到包場時，可就享受不到這杯「米藏咖啡」了！

這魚好吃到要向隔壁再借碗飯！鄉土料理　浜吉

位於岡山縣的倉敷，最具代表性的鄉土料理是「ままかり」（ma-ma-ka-li），一種小沙丁魚壽司。這個聽起來很怪的名字，其實是兩個字的組合：「まま」指的是「御飯」，「かり」是「借」的意思，也就是說，這種魚好吃到要向鄰家借飯來吃。為了一嚐「ままかり」的風味，我選了「鄉土料理 浜吉」。

「浜吉」在倉敷有兩家，一家在火車站直走的中央通（元町通）；另一家則在美觀地區內；我挑了中央通的本店去吃，一開門，小小的店內座無虛席，剛好吧台有兩位客人結帳離去，才順利地坐下來。

日本人面對易腐壞的銀皮魚，常以鹽、醋來醃漬，除了保鮮，更有令魚肉熟成的作用，因此「ままかり」此味道比一般壽司酸，「浜吉」的沙丁魚無腥味，算是處理得不錯。

除了ままかり之外，還點了倉敷著名的「乙島蝦姑」，乙島蝦姑的頭很大，蝦殼看起來很硬，沒想到油炸過後，蝦殼變得酥香柔軟，很適合下酒；「浜吉」挑選海鮮很有一套，明蝦、干貝都大得令人開心，不但鮮度棒，烤得火侯也到位；另外再點了旬魚煮付（紅燒魚），甜甜鹹鹹的醬汁很下飯。

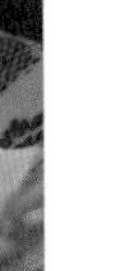

1「乙島蝦姑唐揚」非常適合下酒
2 ままかり，是岡山縣最著名的鄉土料理

鄉土料理 浜吉

地址：岡山縣倉敷市阿知 2-19-30
營業時間：12:00-23:00，週一休

ドーミーイン倉敷　阿智の湯

官網：http://www.hotespa.net/hotels/kurashiki/
交通：倉敷駅走路 10 分鐘，美觀地區入口對面
價格：twin room 含早餐 14,090 日圓起

倉敷這間的早餐有ままかり散壽司

Dormy Inn 的房間並不大

商務旅館最愛 Dormy Inn

這次在倉敷只待一天，住的是「ドーミーイン（Dormy Inn）倉敷　阿智の湯」，在日本所有的商務旅館中，我最喜歡的就是 Dormy Inn，雖然房間不大，但與一般商務旅館相較，它有幾項不容忽視的優點：

頂樓一定會有溫泉：大部分的 Dormy Inn 頂樓都有露天溫泉，雖然池子不大，但走了一天的路，有誰能抗拒泡個溫泉的誘惑？

早餐很豐盛：Dormy Inn 的早餐品項多元，還會依地域不同，增加當地的特產食材；以倉敷這間為例，早餐有一道用「ままかり」自行搭配其他食材的散壽司，展現了倉敷鄉土料理的特色，算是相當用心。

免費的宵夜拉麵：一人限定一碗，雖然味道不怎麼樣，但勝在免費，誠意可嘉。

一間連鎖商務旅館，能夠擁有這些特色，誠屬難能可貴，因此只要地點合適，Dormy Inn 通常會是我選擇商務旅館的第一品牌。

「ドーミーイン倉敷　阿智の湯」，從倉敷駅走過來要十分鐘，但過了馬路就是美觀地區的入口，以倉敷散步來說，比車站附近更適合觀光客。

倉敷交通攻略

屬於岡山縣的倉敷，從博多過來車程需要二小時，從大阪過來約一個半小時，所以從大阪過來比較快；搭乘山陽新幹線，必須在「岡山」下車，轉乘山陽本線約十五分鐘，即可抵達「倉敷」。

關西廣域 Pass，大阪出發到倉敷最超值

從關西空港到倉敷，最划算的JR票券其實是「關西廣域 Pass」，五日券的價格是八五〇〇日圓；事實上從大阪坐新幹線來回倉敷，車資就超過一萬日圓，更不要說還能往返於關西空港，如果只有五天假期，從大阪出發，最遠只到倉敷，JR西日本發售的「關西廣域 Pass」是必備的交通票券。

要注意的是，關西廣域 Pass 雖然可以坐新幹線、特急、普通車，但只有坐自由席不用另外付費，如果要坐綠色車廂、包廂、指定席都得另外加錢；貪圖行程的機動性，我在日本各地旅行，幾乎都是坐自由席，除非你是在大假日，或是在上下班尖鋒時段於大站（例如博多）的前一站上車，否則自由席很少會沒位子。

關西 & 廣島 Pass，可暢遊倉敷、尾道、宮島

如果想像胖狗一樣，在山陽線上一次遊倉敷、尾道、宮島，就得選擇「關西 & 廣島 Pass」。這張票券雖名之為「關西 & 廣島」，卻大發善心地把山口縣的「岩國」也包括在內，因此也可以順遊岩國錦帶橋，但是這張票券只到岩國，沒有到博多，所以從大阪方向過來得走回頭路；由於適用範圍比較廣，所以五日券售價一萬三千日圓，這張票券與「關西廣域周遊券」一樣，坐指定席要加錢。

廣島 & 山口周遊券，博多出發只能到尾道

JR西日本另有一款「廣島 & 山口 Pass」，與前面兩張 Pass 不同的是，這張 Pass 只適用於從博多出發，不能從大阪出發。而且最遠只能到達尾道，尾道以東的倉敷並不包括在內；除了本書所介紹的宮島、岩國、尾道之外，可以再把廣島、下關這兩處規劃進去，成為一個五天四夜的旅行，就很適用這張 Pass。

山陽 & 山陰 Pass，要去山陰才適用

比起前三張票券，「山陽 & 山陰 Pass」多了北部廣大的山陰地區，山陰地區因為沒有新幹線，所以花在交通的時間會比較多，因此這張票券也比其他票券多了二天，價錢也貴得多，七日券要一萬九千日圓，適合一次想要暢遊「山陰＋山陽」兩大地區的人，如果你只是單純玩山陽線，就不需要考慮這張票券。不過，也許就是因為這張票券價格比較高，所以坐指定席不用再另外付費。

JR 西日本各種山陽 Pass 適用範圍

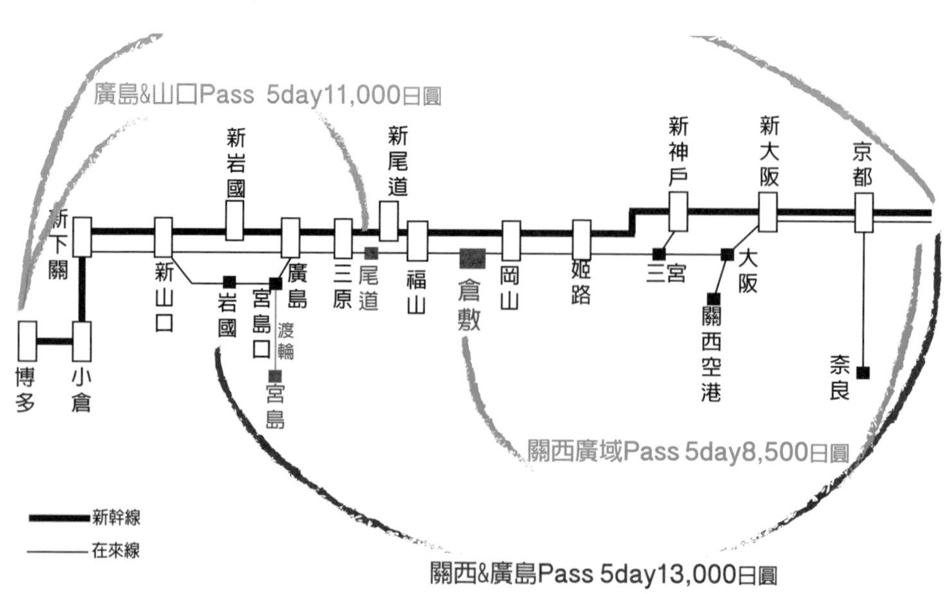

山陰＆岡山Pass，要搭配關西廣域Pass一起用

二〇一五年新發售的「山陰 & 岡山 Pass」，四天四五〇〇日圓的價格，乍看非常便宜，但是對於外國旅客而言，這張票券最大的問題是，山陽線只有倉敷、岡山、上郡這一小段，不管你是從大阪還是博多出發，都要另外付到達岡山的交通費。

目前台灣的直航班次中，距離岡山最近的機場是廣島機場，但只有華航有航班；即使是廣島機場到岡山，新幹線單程車資也要五千多日圓，如果是關西空港到岡山，新幹線車資則是七千多日圓，因此加上這段「機場來回交通費」，就不見得划算；比較好的方法是，搭配「關西廣域 Pass」來使用，就算把「關西廣域 Pass」，當作關西空港到岡山的來回交通票券，也比單買新幹線車票便宜。

風格小鎮 七 伊勢

心靈的故鄉 伊勢

日本人把伊勢神宮視為「心靈的故鄉」，但是對於外國人來說，它卻是一個很難理解的地方。

伊勢神宮是日本神社之首，每隔二十年的「式年遷宮」，把神社的「正宮」拆掉，在另外一個地點重新建造，從西元六九〇年開始，這種搬來搬去、拆了又建、建了又拆的儀式，一直持續到現在，如果抱著「看古蹟」的心情來參拜伊勢神宮，鐵定會失望。

而且到了「正宮」，跨進鳥居，參拜的對象，不是大佛、不是神像，只是一塊白布簾！白布簾後面是什麼？對不起，一切謝絕參觀，什麼都看不到！

其實伊勢神宮的重要性，不是看得見的建築，而是看不見的心靈信仰與傳承。

伊勢神宮的「正宮」，採用的是日本最古老的「神明造」建築技法，二十年相當於一個世代，每二十年一次的「式年遷宮」，讓一切重新來過；「式年遷宮」不只建築物要重建，神的衣服、器具，也要依古法重新製作、修復，把從上一代學來的技藝教給下一代。這樣的行為，雖然曾因戰爭而中斷，但總是很快又恢復，很難想像，在歷史的長河中，竟然可以持續一千三百年！

或許這是日本社會中，對於匠人、職人之所以如此敬重的原點；那已經不是對技巧的拜服，而是對堅持的敬佩，長時間地專注在某一件事務上，其實更像一種磨練心志的修行。

當然，更重要的是，伊勢神宮所供奉的神祇，是日本民族的起源。

日本第一代的天皇神武天皇，是天照大神的子孫，他在天照大神的護佑下，從九州出發，歷經千辛萬苦，到達奈良縣橿原，建立大和國，並被賜予稻米，成為日本人的主食；伊勢神

Day 8

從倉敷坐新幹線到名古屋，換JR三重線到伊勢市，在「山口屋」吃伊勢烏龍麵，依序參拜外宮、內宮，逛おはらい町、おかげ橫丁，坐巴士去「夫婦岩」看夕陽，返回伊勢市駅，晚餐吃松阪牛涮涮鍋。

宿：伊勢シテイホテル

宮所供奉的，正是天照大神。

不過，既然神武天皇是在奈良建立了大和國，為什麼供奉天照大神的地方，不在奈良，卻是在伊勢呢？

根據日本神話，神武天皇一開始，確實是在奈良的皇宮內供奉天照大神，但到了第十代崇神天皇時，因國內災禍頻傳，才把天照大神遷出宮外祭祀。直到第十一代的垂仁天皇，命皇女倭姬命去尋找適合祭祀天照大神的地點，倭姬命走訪了許多國家，一直到了伊勢國後，受到天照大神的指示，才在五十鈴川畔，建立了神宮，成為伊勢神宮「內宮」的由來。

到了第二十一代的雄略天皇時，雄略天皇夢到天照大神告訴他，希望他能從丹波國，把掌管衣食住的豐受大神請來，侍奉他的膳食；雄略天皇依言請來豐受大神，並為豐受大神建造宮殿，成為神勢神宮的

這是外宮的正宮，只能對著白布帘參拜

坐 Can Bus 到安土桃山文化村、Mikimoto 珍珠島，在鳥羽駅坐近鐵到賢島。

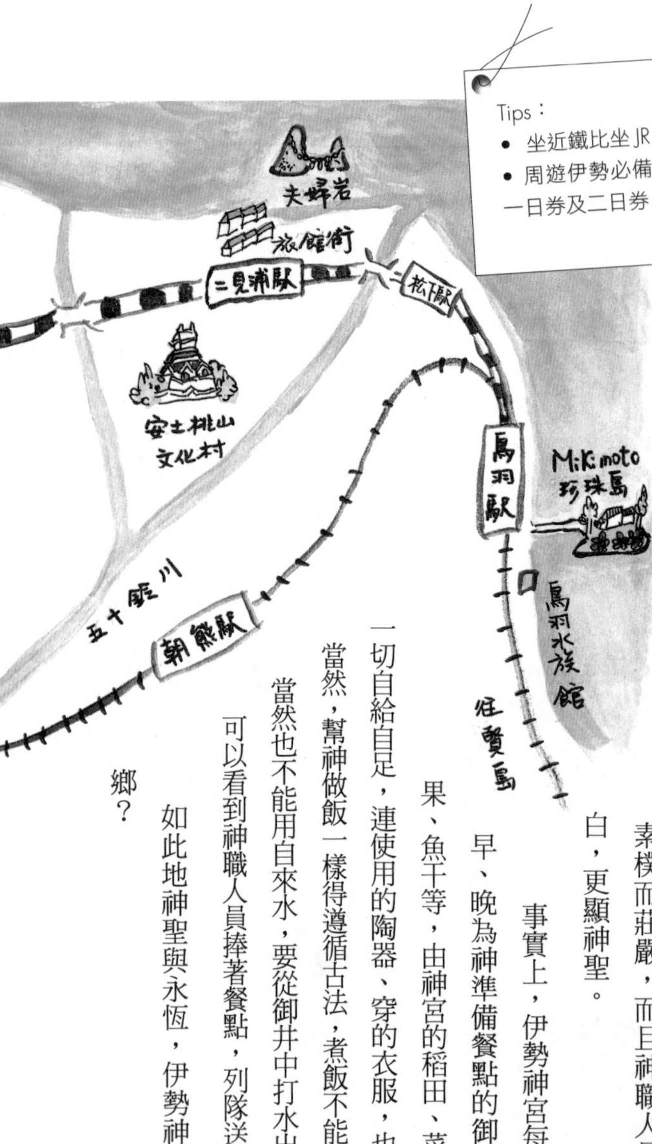

Tips：

- 坐近鐵比坐 JR 方便，購買近鐵交通票券較划算。
- 周遊伊勢必備「伊勢二見鳥羽巴士周遊券」，有一日券及二日券。

主要祭典

式年遷宮：每 20 年舉行一次，最近一次已於 2013 年 10 月 2 日舉行

6 月：おかげ横丁夏祭

7 月：伊勢神宮奉納全國花火大會

10 月：神嘗祭

「外宮」的起源。所以參拜伊勢神宮時，要由外而內，先拜「外宮」再拜「內宮」。

做為地位最高的神社，伊勢神宮的祭典非常多，每年固定的祭典，高達一千六百多次，主要的祭典，都是根據農業的生產周期來進行，其中最重要的是十月的「神嘗祭」，在這一天，天皇要派遣使者，向天照大神獻上自己種的稻米。不同於其他地方的祭典，充滿了各式攤販、神輿、遊行，喧鬧而華麗，伊勢神宮的祭祀，總是素樸而莊嚴，而且神職人員的服裝，是一身的素白，更顯神聖。

事實上，伊勢神宮每天都有祭祀，就是每天早、晚為神準備餐點的御饌祭；所用的米飯、蔬果、魚干等，由神宮的稻田、菜園、魚干製作所供應，一切自給自足，連使用的陶器、穿的衣服，也是自己燒、自己織布。

當然，幫神做飯一樣得遵循古法，煮飯不能用瓦斯爐，得鑽木取火，當然也不能用自來水，要從御井中打水出來；如果運氣好的話，可以看到神職人員捧著餐點，列隊送飯給神吃的場景。

如此地神聖與永恆，伊勢神宮，怎能不是心靈的故鄉？

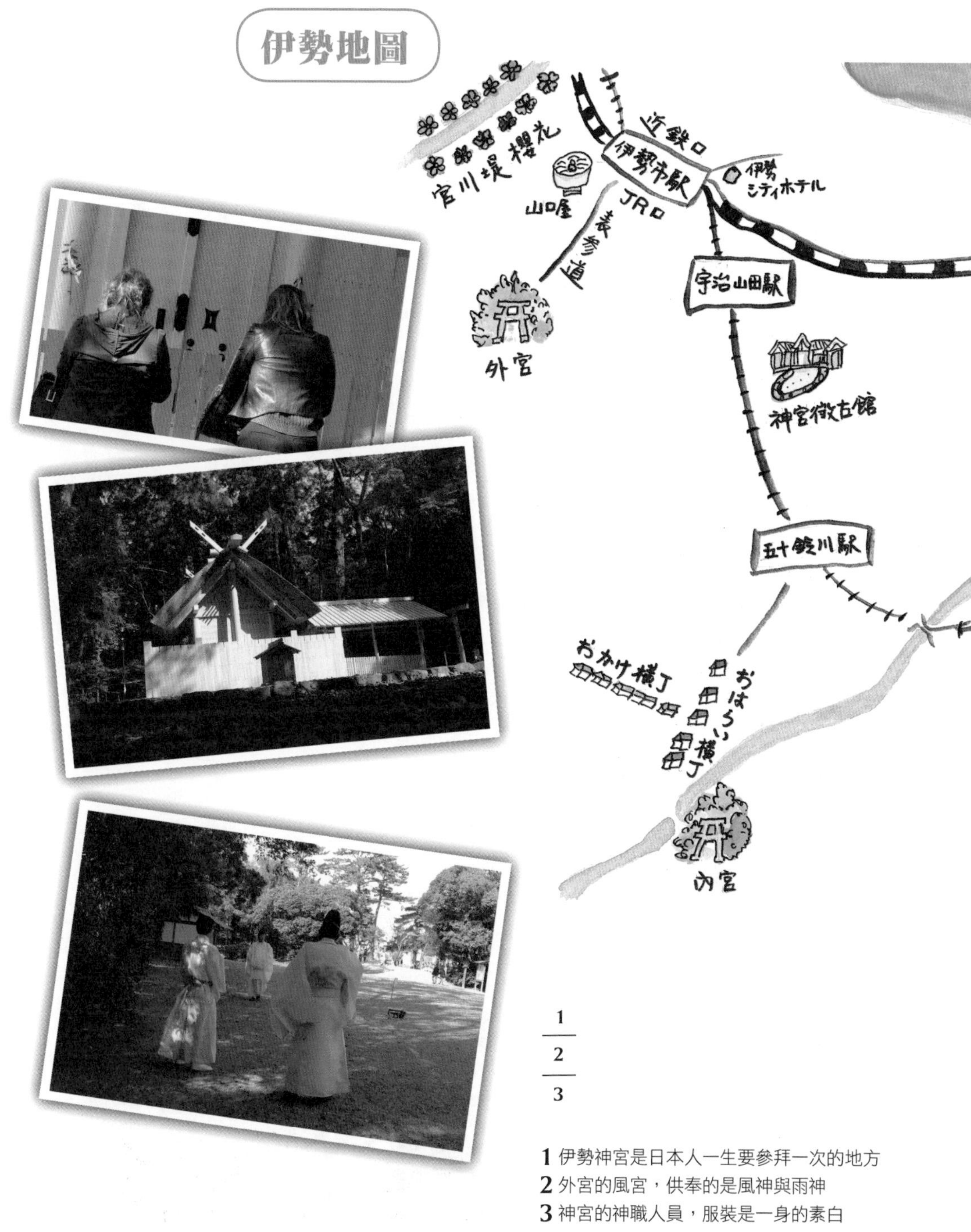

1
2
3

1 伊勢神宮是日本人一生要參拜一次的地方
2 外宮的風宮，供奉的是風神與雨神
3 神宮的神職人員，服裝是一身的素白

伊勢烏龍黑白配

「今天吃的烏龍麵，是『黑白配』的伊勢烏龍喔！」走到「山口屋」之前，我這樣對老公說。

「山口屋」是很受在地人喜愛的食堂，從「伊勢市駅」出來，過了右邊的停車場，從停車場旁邊的巷子走進去，就可以看到這家專賣伊勢烏龍麵的小店。

「伊勢烏龍」是一九六五年進入超市販售後，為與其他地區的麵有所區隔，才出現的名稱，在此之前，伊勢人稱為「素烏龍」。由於伊勢稻作較少，在米食之外，人們也會以小麥磨粉做成切麵，拌上釀造味噌時滲出的醬油；雖然現在已改用柴魚高湯醬油來增加鮮美，但外觀上，「伊勢烏龍」還是保留早年「黑白配」的賣相。

伊勢第一家烏龍麵店，是江戶時代的浦田町橋本屋，據說其先祖是神宮的神樂役人，第七代小倉小兵開了這家麵店，讓長途跋涉的旅人在參拜神宮後，填飽肚子再踏上歸途，因此大受歡迎。但參拜的人實在太多了，為了不讓客人久等，麵就一直放在鍋裡煮，煮得久了，變成軟趴趴的麵條，這種格外柔軟的口感，反而成為伊勢烏龍的特色。「山口屋」最受歡迎的烏龍麵，名為「伊勢じまん」；除了「黑白配」的伊勢烏龍之外，還會給你一包仙貝；吃的時候可以先加一半的仙貝，與麵一起拌著醬油吃，吃完後，再把剩下的仙貝加入茶湯，變成「茶泡仙貝」，正因為多了仙貝，口感在柔軟之外又多了酥脆，還真的是「黑白配」（台語）的烏龍麵！

▶白白胖胖的麵條，配上烏漆墨黑的醬油

山口屋

官網：http://www.iseudon.jp/index.html

地址：伊勢市宮後 1-1-18

營業時間：10:00-19:00，週四休

神宮的聖界與俗界

伊勢神宮「內宮」前的宇治橋，象徵的是連接聖界與俗界的橋梁，有趣的是，現實世界中的氣氛也是如此。日本神社前常設有參道迎客，參道商店林立、活潑熱鬧，猶如俗界；過了參道跨進鳥居，神社內部清靜肅穆，如同聖界。在全日本的神社中，聖、俗氣氛差異最大者，當屬伊勢神宮的「內宮」。

因為伊勢神宮內的氣氛，實在太神聖又太神祕了！沒有複雜雕飾的宮社，原始古樸，但是把神宮氣氛營造得如此神聖，最大的功臣，當屬那一大片神宮林。

不論「外宮」還是「內宮」，所有的宮社都被廣大的森林包圍，這片森林總面積達五千五百公頃；以兩個正宮

1 宇治橋是連結聖界與俗界的橋梁
2 廣大的神宮林，療癒著參拜人的心靈
3 「外宮」的勾玉池設有舞台，中秋節會舉辦賞月會

為中心，周圍九十公頃的林木嚴格禁止砍伐，其餘五千三百二十公頃的森林，則做為「式年遷宮」所需要的木材來源。不過，從一九二六年開始，神宮積極造林，除了保障木材來源不虞匱乏，也避免破壞周遭生態。

雖然「式年遷宮」二十年才一次，但準備工作得花好幾年；二〇一三年的「式年遷宮」，在二〇〇五年就已開始準備，從製作搬運木材的道具、砍樹、水陸同時搬運木材、建造宇治橋、正殿地鋪面鋪石，每一個步驟都有相關的祭典。

因此到神宮參拜，舉目所見，都是數百年以上的大樹，個個樹高幹壯，至少要好幾個人聯手，才能環抱大樹；神木有靈，非但讓五十鈴川河水清淨如昔，也讓前來參拜的人獲得療癒。

「外宮」距離伊勢市駅很近，步行即可到達；拜完「外宮」要到「內宮」，兩者相距六公里，非步行所能及，得在「外宮」門口的巴士站，坐巴士到「內宮」；「內宮」、「外宮」雖各有不同的宮社，但是

2 | 1
3

1 神宮內每座宮社看起來都很新
2 神木有靈，摸一摸也沾染靈氣
3 「內宮」的神樂殿，此處有售天照大神的守護符

2 | 1
1「おかげ横丁」有更多的散步美食
2「おはらい町」從江戶時代就很熱鬧

森林與建築的式樣都很像。

「外宮」與「內宮」最大的不同，是「內宮」有五十鈴川。進入「內宮」前，要先走過五十鈴川上的「宇治橋」，進入「內宮」後，還有「五十鈴川御手洗場」，許多人以清淨的五十鈴川河水來洗手，象徵洗去污穢，淨化了身心。

如果時間不夠，無法先拜「外宮」再拜「內宮」，建議應該以參拜「內宮」為主；畢竟「內宮」供奉的天照大神，才是地位最高的神，更重要的是，「內宮」外的「おはらい町」（Oharai -machi，御祓町）與「おかげ横丁」（Okage-yokocho，福恩横丁）比「外宮」的表參道商店街，熱鬧有趣多了！

因為日本人對伊勢神宮，有種「一生至少要來參拜一次」的信念，德川幕府為了防止叛亂，雖然嚴格管束百姓到各地旅行，卻沒有禁止去伊勢神宮參拜；絡繹不絕的信徒，讓這條大約八百公尺長的「おはらい町」，早在江戶時代已形成一條熱鬧的商店街。

「おはらい町」內有形形色色的土產店，看到一家賣斗笠、草鞋的商店，正是江戶時代人們長途跋涉來此必備的裝扮；短短八百公尺的街道，光是賣酒的商店就有好幾家，因為自古以來，酒，就是神饌中不可或缺的要角，而且五十鈴川流域伏流水豐富，自然孕育出不少酒造。閒逛時，看到一棟町家建築，竟然是FamilyMart，顯然現代的便利商店到了這兒，也得入境隨俗改頭換面。

3 1
2

1 「外宮」正宮內部禁止參觀，只能隔牆一窺其建築
2 以五十鈴川河水洗手，也洗滌了心靈
3 參拜完伊勢神宮，別忘了吃個赤福餅

「おはらい町」最有名的土產，是已有三百多年歷史的「赤福」。「赤福」的紅豆泥麻糬，不但深受皇室成員喜愛，連徘句宗匠正岡子規到伊勢神宮參拜，也不忘來吃赤福餅，還為它留下「到來の赤福餅や伊勢の春」的題句。光是在這條街上，「赤福」就有二個店面，但是赤福本店並不是入口處的那一間，而是在中段的位置。

「赤福本店」的對面，有個招財貓石像，石像後方的區域，是一九九二年新闢的「おかげ横丁」。

「おかげ横丁」把伊勢許多江戶到明治時代的建築移築到此，中間的「神恩太鼓」經常有演奏，與「おはらい町」相較，「おかげ横丁」內的散步美食更豐富，難怪近年來，名聲已逐漸超越「おはらい町」，成為參拜伊勢神宮後，不得不訪的「俗界」。

二見浦夫婦岩　日出奇景夕陽美

伊勢神宮其實不只內宮、外宮，事實上，神宮所管理的宮社高達一百二十五座，位於二見浦的「二見興玉神社」就是其中之一。「二見興玉神社」最出名的，不是神社，而是旁邊突出於海面的「夫婦岩」。

日本很多海濱都有「夫婦岩」，但就屬二見浦的夫婦岩最具盛名，因為五月到七月的清晨，太陽從海面升起時，位置恰好會在二塊岩石之間，這幅奇景，令全日本其他夫婦岩望其項背。

一大一小的夫婦岩，以五條注連繩連接，每根注連繩重達四十公斤，據說七百公尺外的海底有塊興玉神石，是神降臨之地，因此綁上注連繩的夫婦岩，形如鳥居，告訴人們聖域由此開始。

除了夫婦岩以外，神社的青蛙雕像也很受矚目；因為「二見興玉神社」祭拜的是猿田彥大神，在日本神話裡，猿田彥大神是在天孫降臨之際帶路的神，猿田彥大神的使者，就是青蛙，因此才會有許多青蛙雕像。

「夫婦岩」以日出奇景聞名，所以二見浦海邊有不少旅館，形成獨特的旅館街，其中明治時期建造的「賓日館」，曾經接待不少皇室成員。其實二見浦海邊，不只日出美，夕陽餘暉也很迷人。

神社內的青蛙，代表神的使者

「夫婦岩」的二見興玉神社，是神宮所管的神社之一

二見興玉神社

官網：http://www.amigo2.ne.jp/~oki-tama/

交通：從JR「二見浦駅」步行15分鐘，坐Can Bus在「夫婦岩東口」下車步行約5分鐘

2 | 1 **1** 安土城有「幻の名城」之稱
2 村內許多設施皆以忍者為主題

伊勢・安土桃山文化村

官網：http://www.ise-bunkamura.co.jp

門票：入村券 2,500 日圓，入村券＋有料館入場券 3,900 日圓

交通：坐 Can bus 在「伊勢 安土桃山文化村」下車

為「安土城」一擲千金

「伊勢・安土桃山文化村」，是一個以日本戰國時代為主題的公園；裡頭有變裝照相、射槍炮、玩吹箭、幽默的表演節目，但是最好玩的，莫過於「忍者教練屋敷」，突然迫近的牆、會搖晃的地板……，短短五分鐘由進到出，卻機關重重；最不可思議的，則是「忍者妖術屋敷」，一進去，地板是斜的、屋頂是歪的，搞得我頭昏眼花，馬上「逃」出來。

但是這些都不是我願意「一擲千金」，花那麼貴的門票來此一遊的目的，山上的「安土城」，才是我的目標。

做為統一天下的基地，織田信長在近江八幡打造了天下第一名城「安土城」，但是這座「幻の名城」，在織田信長過世後，被燒毀殆盡；無論外觀、內部造型皆無明確的史料記載，因此雖有不少人希望重建，但各家學派眾說紛紜，遲未有定論。

「伊勢・安土桃山文化村」以傳說中「最高層的屋簷上，貼滿金箔，金光四射」與狩野永德的「安土城圖」為籃本，嘗試複製了安土城的樣貌；由於四周地勢平坦，大老遠，就可望見這華麗巍峨的「安土城」。

希望全世界女性的脖子上，都能配戴珍珠

「如果不知道要戴什麼首飾，就戴珍珠！」我永遠記得，小時候奶奶曾經說過這樣一句話。

小時候，奶奶有一個珠寶盒，我和姊姊總盼著奶奶把它拿出來把玩，盒裡各色寶石華麗璀璨，只有珍珠，最不起眼。但是奶奶總說：「首飾不是拿來藏的，是要戴的，要戴就要配衣服，每種寶石搭配都有局限，只有珍珠，什麼都能配！」

珍珠，圓潤光滑，華而不顯，在所有首飾中，珍珠最是雍容；但它也最嬌貴，汗漬會讓它變黃，擦撞會讓它損傷。失了光采的珍珠，一文不值，只能拿來磨成粉，為仕女的美白，盡最後一分力！

享譽全球的日本珍珠品牌 Mikimoto（御木本），發源地就在鳥羽，從鳥羽駅步行五分鐘的這座小島，原本叫「相島」，如今已被 Mikimoto 買下來，改名為 Mikimoto 珍珠島，整座島，都是 Mikimoto 品牌的博物館。

鳥羽灣過去以盛產天然珍珠聞名，卻因過度捕撈使得產

Mikimoto 珍珠島

官網：http://www.mikimoto-pearl-museum.co.jp
門票：1,500 日圓
交通：從鳥羽駅步行 5 分鐘

1 Mikimoto 珍珠島以天橋與鳥羽海岸相連
2 Mikimoto 珍珠島有海女現場表演

量逐年銳減，當時，已有生物學家發現，珍珠的產生，是因外來異物侵入到母貝中而形成，御木本幸吉為了保護當地的珍珠產業，下定決心以人工方式培育珍珠。經過無數次失敗，一八九三年，他在相島培育出來全世界第一顆人工養殖的珍珠，雖然只是顆半珠，不是一整顆圓珠，卻開創了養珠的先河；但御木本幸吉並不以此為滿足，再接再厲，終於在一九〇五年，成功養殖出第一顆完整的圓形珍珠，那一年，他在晉見明治天皇時，許下心願：「希望全世界女性的脖子上，都能夠配戴珍珠。」

愛迪生有一次在與御木本幸吉會面時說：「我一生無法發明出來的東西，就是鑽石與珍珠。」藉此盛讚他的貢獻；御木本幸吉的發明，確實改寫了珍珠的歷史，但是很長一段時間，市場看待「養珠」，總認為那是假的珍珠，甚至有不肖商人用化工合成的珠子，以「養珠」之名在市場販售。御木本幸吉花了很多時間、

1 海女不靠氧氣面罩，翻身入海捕撈
2 御木本幸吉的雕像，是日本雕刻大師北村西望的作品
3 Mikimoto 的珍珠品管極嚴

3 | 1
2

1 御木本幸吉原為烏龍麵店之子，島上咖啡館也賣烏龍麵
2 Mikimoto 復刻中世紀拜占庭式的華麗王冠
3 以法隆寺五重塔為藍本所打造的 Mikimoto 五重塔

提出各種資料，甚至不惜打官司，以正視聽。

其實養珠技術的出現，雖然提高了珍珠的產量，「良率」卻沒有想像中高；在Mikimoto珍珠博物館裡，有一張圖表，說明殖入核後的**AKOYA**母貝，有一半會在養殖過程中死去，只有百分之五能夠生產出色澤漂亮的花珠。御木本幸吉對於珍珠品質非常重視，一九三二年，他曾經在神戶以一把火燒掉一百三十五公斤的劣等珍珠，如此豪氣干雲，讓Mikimoto的珍珠，一直到今天，都是日本皇室指定的御用品。

參觀Mikmoto珍珠島，除了了解珍珠的養殖技術、御木本幸吉的貢獻、欣賞Mikimoto所打造的絕美珍珠工藝之外，更不能錯過的是海女表演；載著三位海女的小船駛近看台前，一位海女突然發出一聲：「哈啾！」讓所有人大笑，此刻氣溫十九度，水溫十三度，看著海女們在海裡載浮載沉，還真是辛苦呢！

第一次碰到櫻滿開，竟然沒人潮

第一次碰到賞櫻時，隨便怎麼亂拍照，鏡頭裡都沒有人！從三重縣返回名古屋時，剛好碰到「宮川堤」開始點燈，雖然天色濛濛下著毛毛雨，反正回到名古屋只是睡覺，不如去賞個櫻！

「宮川堤」是伊勢境內的賞櫻勝地，一千多棵櫻花綿延在一公里多的河岸，一眼望去，似看不到盡頭，所以從江戶時代，這裡就被稱為「櫻之渡」，也是日本櫻花協會選出的「賞櫻百選名所」之一。

其實「宮川堤」距離「伊勢市駅」，車程不到十分鐘，坐公車在「度會橋」下車，步上河岸堤道，哈，小貓沒幾隻！也許是天氣不佳，也許是平日，「宮川堤」夜間點燈的第一天，竟然沒有什麼人！

滿開的櫻花祭，拍照不用閃阿婆，實在太稀奇！正當我覺得自己的運氣實在太好時，突然瞥見屋台小販的老板，個個面帶愁容，想想，原來沒有人潮的櫻花祭，並不是件好事啊？

宮川堤櫻花祭有夜間點燈

宮川堤櫻花祭

時間：3月下旬至4月上旬

交通：在「伊勢市駅」坐往早馬瀨口方向的公車，約7分鐘，在「度會橋」下車即達

自組伊勢湯宿

住鐵道旅館、吃松阪牛、泡伊勢最大的錢湯

這次在伊勢志摩只玩三天兩夜，想去的地方實在很多，不能在旅館耗太多時間，因此靠近「伊勢市駅」價錢便宜的商務旅館，成為選擇伊勢住宿時，最主要的思考。

伊勢市駅附近有三間商務旅館，三家都位於「近鐵口」側，隨便挑了其中一間「伊勢シティホテル」（伊勢 City Hotel），入住後，才發現，它的位置正好被近鐵與JR兩條鐵道「夾住」，也就是位於車站尾端，兩條鐵道的中間。

從房間的窗戶往下看，就是鐵道，讓這間本來沒什麼特色的商務旅館，突然變成為一間有趣的「鐵道旅館」。

我訂的是最便宜的「素泊」方案，所以沒有附晚餐。三重縣自古以來就被稱為「御食國」，向天皇供奉膳食，伊勢龍蝦、鮑魚、松阪牛……每一樣都讓人口水直流，來到三重縣，就是吃好料的開始。旅館的餐廳主打的是松阪牛牛排，我有點擔心松阪牛做成牛排，吃起來會太膩，決定到姐妹館「伊勢 City Annex」附設的餐廳「みやび」（mi-ya-bi），吃松阪牛涮涮鍋。

2 | 1

1 伊勢シティホテル位於伊勢市駅近鐵口側
2 「みたすの湯」是伊勢最大的錢湯

伊勢シティホテル

官網：http://www.greens.co.jp/isech/
價格：素泊 twin room 10,000 日圓
交通：伊勢市駅近鐵口側走路 3 分鐘

伊勢みやび

官網：http://www.greens.co.jp/ja/miyabi/
價格：涮涮鍋會席祇園 7,020 日圓，
桃山 5,400 日圓
交通：伊勢市駅近鐵口側走路 3 分鐘

伊勢船江溫泉　みたすの湯

官網：http://mts-ise.com/yu/
入浴料：600 日圓
交通：伊勢市駅近鐵口側走路約 15 分鐘

油花分布均勻的松阪牛，讓人口水直流

日本和牛分級細，價格相差極大，我點了店內最貴（七千多日圓）與次貴（五千多日圓）的二種涮涮鍋會席，想嚐嚐看不同等級的牛肉；以外觀而言，果然是愈貴的油花分布愈均勻，但是涮過後，由於肉片切得薄，所以肉汁與柔嫩度的差異並不太明顯。

日本的涮涮鍋與台灣的火鍋不同，湯底多半不用高湯，只用白開水，所以湯頭沒有味道。但最後煮烏龍麵時，服務人員在湯中加了鰹魚醬油，雖然增加了滋味，卻讓湯頭變得太鹹，害我沒辦法喝湯，覺得有點遺憾。

吃完了松阪牛涮涮鍋，剛好散散步，走去號稱伊勢最大的錢湯「伊勢船江溫泉　みたすの湯」，買了票進去泡，果然很大，不但湯池種類多，而且設計實在太貼心。

最令我滿意的，是戶外的露天風呂，館方貼心地裝了一個大電視，讓人可以邊泡湯邊看電視，一點也不無聊；我這池泡泡、那池泡泡，其中有一個「電氣風呂」讓人很好奇，看起來平靜無波，不見任何按摩水流，一泡下去，哇！竟然是運用低周波電流來刺激身體各個部位！這麼一個又大又舒服的錢湯，伊勢在地居民，實在太幸福了！

我一邊泡湯，心裡一邊計算這樣的食、宿花費，住鐵道旅館、吃松阪牛涮涮鍋、泡伊勢最大的錢湯，這種自行組合的「伊勢湯宿」，一個人竟然不到一萬二千日圓，比許多平價溫泉旅館的花費還便宜。

伊勢交通攻略

如果不是手上有全國版的JR Pass，坐新幹線、JR不用再付錢，不然從山陽地區的「倉敷」一路殺到「伊勢市」，雖然花的時間不到三小時，但是光是查車次時間，就查到我快瘋掉！

三重縣JR弱勢，近鐵王道

一般查詢日本交通的轉乘資訊，在日本Yahoo Japan網站左側欄目的「路線」，或是下載日本雅虎的「Y！乘換案內」app，只要輸入起、迄點，就會立刻跑出數個車次的時間、轉乘資訊，因此被公認是最方便的查詢工具；但是我輸入「倉敷」與「伊勢市」，跑出來的車次，幾乎都是全國版的JR Pass無法搭乘的車次。

其實從倉敷到伊勢市的乘換方法很簡單，先坐一小段山陽本線到「岡山」，換新幹線坐到「名古屋」，再轉JR三重線就可抵達「伊勢市」。偏偏從「岡山」到「名古屋」的新幹線，電腦自動選擇最快速的班次都是のぞみ號，一直跑不出ひかり號，我被搞得火大了，直接查岡山駅的新幹線時刻表，才發現原來ひかり號每小時只有一班，難怪系統始終選不到。

問題還不只於此，從「名古屋」通往「伊勢市」的鐵道，有JR三重線，與近畿電鐵（近鐵），近鐵班次密集，不像JR三重線每小時才一班，證明在伊勢志摩地區，要坐近鐵才是王道。

適用於倉敷到伊勢的JR Pass，另外還有JR東海的「東海道、山陽新幹線五日Pass」，可搭乘從東京到博多間的新幹線、JR，範圍非常廣，還能坐四次指定席，但是這張五日券售價三五〇〇〇日圓，比全國版的七日券二九一一〇日圓還要貴，主要是因為它可以坐のぞみ號、みずほ號，沒有車種限制固然方便，但整整少了兩天的使用期限，如果目標是在伊勢志摩地區，無論怎麼看，買JR Pass都不是個明智的選擇。

特別是使用JR Pass，坐從名古屋到伊勢市、鳥羽的JR三重線，並非全額免費；因為在「河原田」到「津」這一段，JR三重線走的是伊勢鐵道，並非JR公司經營，還要另付五一〇日圓。

關西＋伊勢志摩，近鐵周遊券超值

要到伊勢志摩，以台灣日本的航線來說，最快的是飛名古屋的「中部國際機場」，從名古屋到伊勢市，坐近鐵特急是一小時二十分鐘，就算坐比較慢的近鐵急行線，時間也只多二十分鐘左右。

事實上，不只伊勢志摩以近鐵為主要交通工具，從關西到伊勢志摩，都是近鐵的勢力範圍；從大阪難波、京都、名古屋到賢島，還有特急觀光列車しまかせ（shi-ma-ka-se），雖然一天只有一班，但坐位皆

到伊勢的JR與近鐵路線

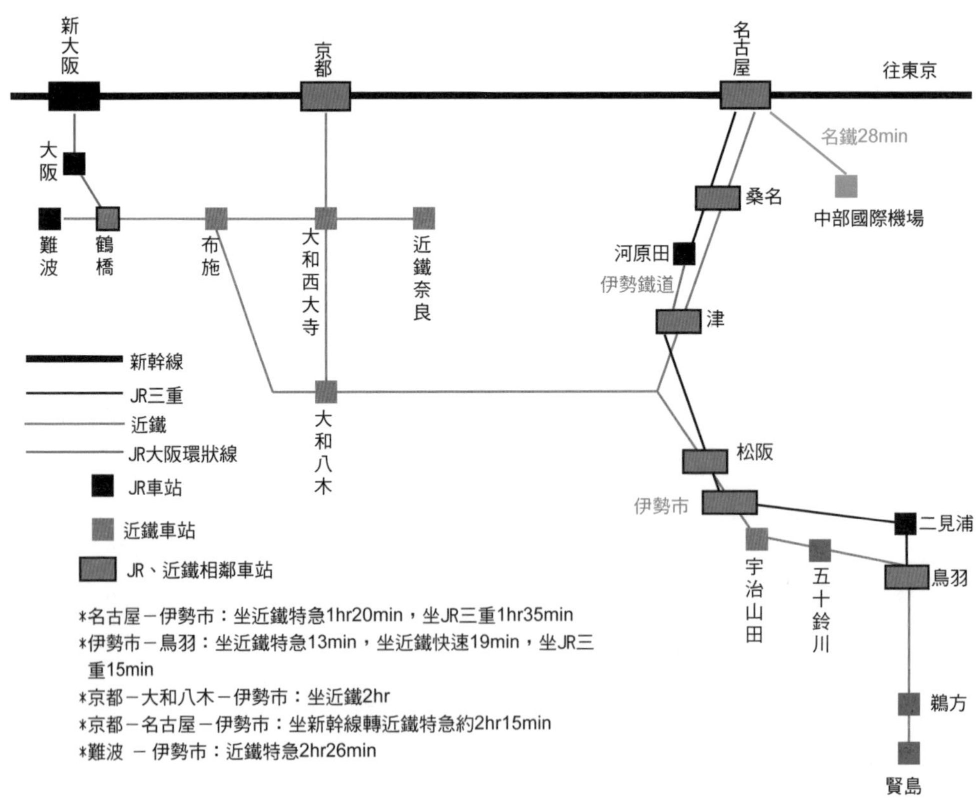

是展望席，還設有咖啡車廂、包廂，寬敞舒適速度又快，不過，坐しまかせ列車除了要特急料金之外，還要另外再加特別車輛料金，使用包廂也得另外再付「個室料金」。

近鐵主要的優惠套票有兩種，一種是近鐵廣域周遊券（Kintetsu Rail Pass Wide），五八六〇日圓；另一種是近鐵周遊券（Kintetsu Rail Pass），三八〇〇日圓。

兩者的使用期線都是五天，大阪、京都、奈良、名古屋、伊勢志摩等地的近鐵、伊賀鐵道線都可以搭乘，且兩者都附三張近鐵特急兌換券，可坐三次近鐵特急列車；廣域版貴二千日圓，主要包含機場的來回票（關西機場到大阪難波的南海電鐵、中部國際機場到名古屋的名鐵）、三重交通巴士、鳥羽海鷗巴士以及十張觀光設施的優待券，所以如果你只有五天假期，想

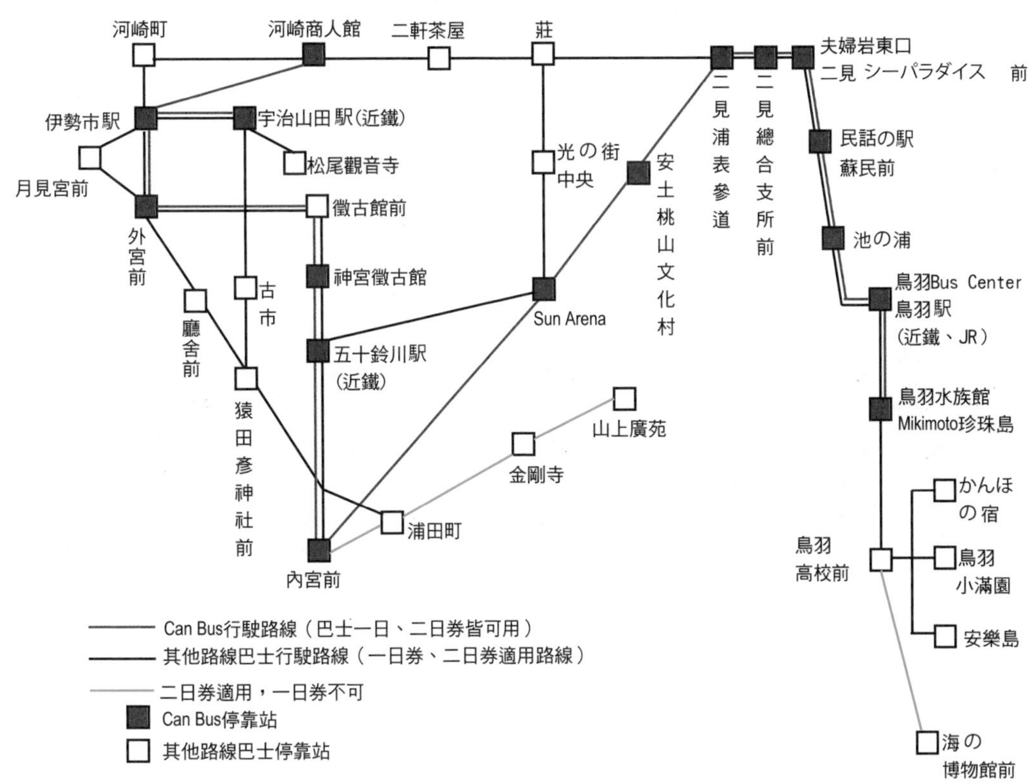

藍色「Can Bus」行經各大景點的主要觀光巴士

藍色車體的 Can Bus，是周遊伊勢二見鳥羽的最主要交通工具，除了伊勢神宮從外宮、內宮，還行經安土桃山文化村、夫婦岩、Mikimoto 珍珠島等觀光景點，幾乎囊括了伊勢到鳥羽間所有重要的景點，從上午九點到傍晚五點，每小時約一到二班。

綠色「參宮 Bus」兩條路線以參拜神社寺廟為主

綠色車體的「參宮巴士」，「參宮巴士」顧名思義目的是參拜，所以行經路線以寺廟神社為主，它有兩條路線，一條是「夫婦岩、外宮線」，從「松尾觀音寺」出發到「民話の駅　蘇民前」，約每小時一班；另一條則是從「內宮」出發，往朝熊山頂走，稱為「Sky Line」路線，但是 Sky Line 只有週六、日運行。

黃色「電氣 Bus」路線最短只有 4 站

在內宮、外宮遊逛時，偶爾會看到另一種黃色車體的「電氣巴士」，這是三重交通 70 週年時推出的低碳環保公車，不過，電氣巴士行駛路線很短，只有「伊勢市駅」、「宇治山田駅」、「外宮」、「內宮」四個站，而且一天只有來回各 4 班。

3 | 2 | 1

1 車體藍色的是 Can Bus
2 車體綠色的是參宮 Bus
3 車體黃色的是電氣 Bus

玩伊勢志摩＋關西，買近鐵廣域周遊券就很划算。

周遊伊勢地區，必備巴士周遊券

伊勢神宮的範圍很大，且「外宮」與「內宮」相距六公里，其他景點亦都有些距離，因此搭乘三重交通的巴士是主要交通工具；如果沒有購買包含無限次乘坐三重交通巴士的「近鐵廣域周遊券」，到了伊勢市駅，最好到三重交通案內所購買「伊勢二見鳥羽巴士周遊券」。

因為三重交通巴士車資並不便宜，從「外宮」到「內宮」，車資要四三〇日圓，從「內宮」到「夫婦岩」要六九〇日圓，一日券售價一〇〇〇日圓、二日券是一六〇〇百日圓，一日券與二日券的適用範圍，僅差在第一七九頁巴士路線圖中藍色的部分。

來往於「外宮」與「內宮」的巴士，除了一般路線巴士之外，還有三種觀光路線的巴士：Can 巴士、參宮巴士、電氣巴士，彼此的路線有部分重複，巴士周遊券也都適用，其實在伊勢地區的巴士站牌，路線標明得都很清楚，所以只要找對目的地的路線站牌，不管來的是哪種巴士，跳上去就對了。

Day 10
Day 9
風格小鎮八志摩
華麗親子樂志摩

Gallo Gallina

「**夕陽西斜，開始漲潮，絢麗的黃昏灑落在志摩半島的英虞灣。**」日本女作家山崎豐子的《華麗一族》，一開場，寫的就是英虞灣的美景，故事中的萬俵家，每年新年從除夕開始一連四天，一家人都要在英虞灣的「志摩觀光ホテル」度過；山崎豐子這樣的設定，正說明了在關西人的心目中，志摩，就是一個度假地。

伊勢志摩，日本人總是習慣把三重縣的東部與南部，連在一起稱呼。昭和二十一年（一九四六年），伊勢市與整個志摩半島被劃定為「伊勢志摩國立公園」，主要是為了保護這片稀有的「沉水式海岸」；億萬年以前的山谷被海水淹沒，成了大大小小的島嶼，珍珠養殖筏如同海上的鋼琴鍵盤，海裡的礁石成了龍蝦、鮑魚、海螺的棲息地，但是這個「公園」範圍實在很大，以現今的行政區域來看，就包括伊勢市、鳥羽市、志摩市、南伊勢町四個市鎮。

相較於伊勢市，因為是神宮所在地，造就出一股獨特的聖潔之氣；志摩市，則因特殊的海岸地形，形

英虞灣沉水式海岸地形，把山變成了島嶼

成一個充滿親子歡樂氣息的遊園地。「御座白浜海水浴場」的白砂、「志摩自然學校」的海上泛舟與滾水球，如果不是因為造訪時並非夏天，還真想去玩這些海上活動。

一年四季、不分晴雨，都適合一家大小同樂的是「志摩西班牙村」。對於打造主題樂園這件事，日本人真的很厲害，除了「東京迪士尼」、「大阪環球影城」這些美式樂園外，日本人更擅於打造歐洲風情的樂園，大者如仿荷蘭的「豪斯登堡」、仿西班牙的「志摩西班牙村」，小者如藏在各個小鎮中的美術館、博物館，日本人不只搬來了歐風建築，還詳細地介紹歐洲的文化。在逛「志摩西班牙村」時，我很訝異它把西班牙的歷史、航海文化，介紹得如此詳細，雖然是靜態的陳列展覽，但製作用心的程度，彷彿是在介紹自己的國家。

日本很多主題樂園是泡沫經濟時代的產物，有些欠缺細緻的規劃，現在難免蕭條，如今還能有人氣的，都是一些肯花心思、持續努力不懈的營運者。很多朋友嫌日本這種歐風樂園很「假」，但我遊日本，從不羞於造訪這些人工樂園；假歸假，但是可以只花一天、半天，就能享受時空錯置的樂趣、重拾童真，何樂而不為？

大自然對志摩半島最豪情的餽贈，則是吃不完的豪華海鮮。每年十月到三月，是伊勢龍蝦的產季；在三月之後接棒登場的，是碩大的鮑魚；

坐近鐵抵達賢島駅，坐西班牙海盜船遊英虞灣，赴志摩西班牙村泡向日葵之湯，返回賢島駅，晚餐在志摩觀光飯店內享用傳統法式料理。

宿：志摩觀光ホテル

參觀志摩マリンランド水族館，遊志摩西班牙村，赴海女小屋吃海鮮大餐，從鳥羽駅坐 JR 三重返回名古屋。

宿：名古屋

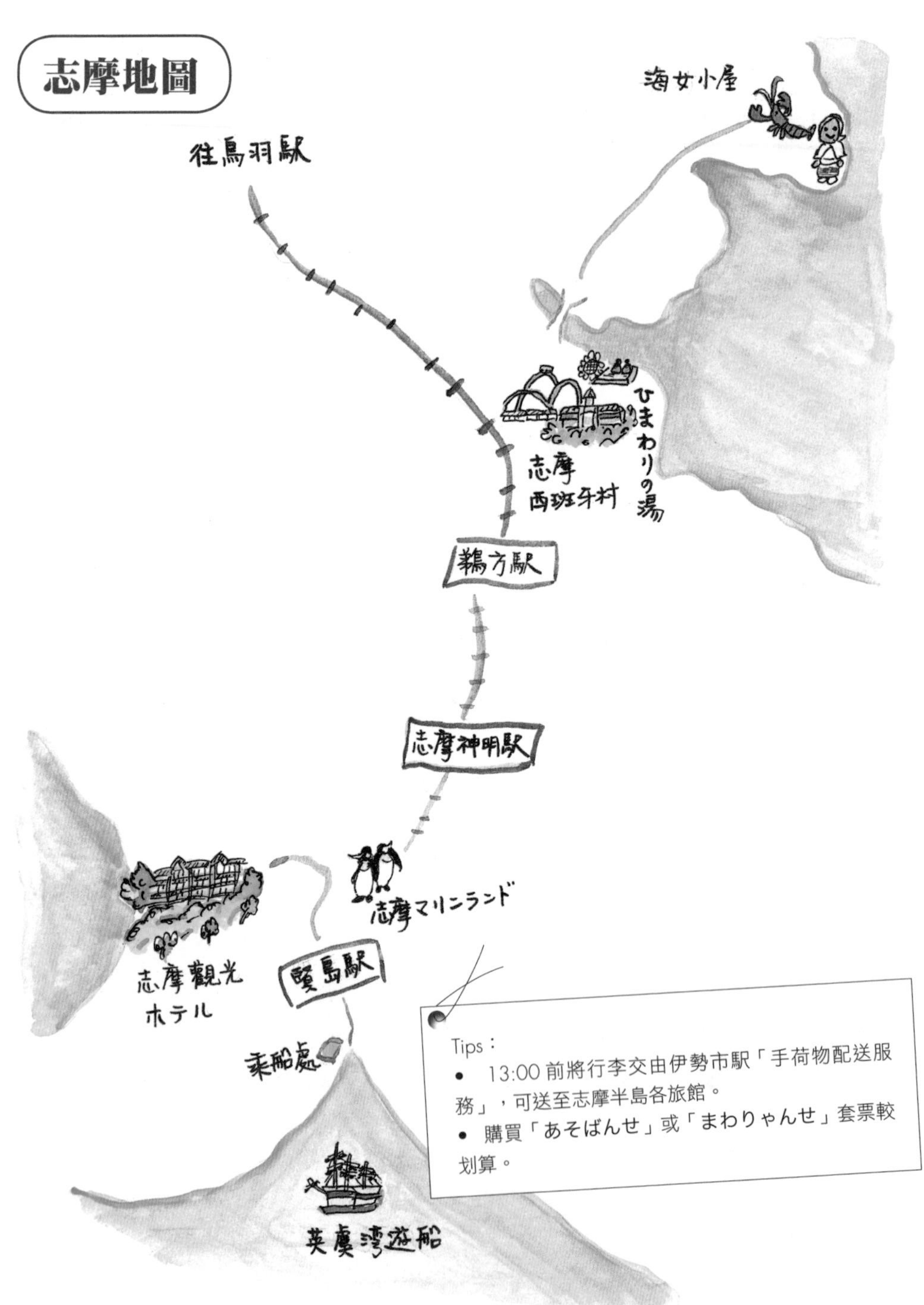

Tips：

- 13:00 前將行李交由伊勢市駅「手荷物配送服務」，可送至志摩半島各旅館。
- 購買「あそばんせ」或「まわりゃんせ」套票較划算。

除此之外，冬天還有的矢灣的牡蠣、夏天則有海螺等大大小小的貝類。早在二千年前，志摩半島就存在一種古老的行業「海女」，她們辛勤地躍身入海，捕撈這些海底珍寶，讓伊勢龍蝦、志摩黑鮑，威名遠播全世界；在「海女小屋」中，年紀最長的海女玲子告訴我，全日本僅存的海女不到二千人，光是志摩半島，就占了一半。

伊勢與志摩，氣氛南轅北轍的兩個地方，偏偏連在一起，實在很有趣。人們到伊勢神宮，求諸己，是澄清心靈，求諸神，無非是祈求家宅的和樂；參拜完神宮，帶著一家大小，在志摩半島遊樂園、啖海鮮、享受山海的恩賜，願望的實現，其實一點也不難！

重要祭典

5月：鮑魚王國祭

6月：第一個週六伊勢龍蝦祭

9月：草鞋祭奉納花火大會

1 志摩黑鮑名揚全世界

2 日本現今海女人數約二千人，志摩就占一半

3 日本人很善於打造歐洲主題樂園

樂園常客也覺得好玩的「志摩西班牙村」

別笑我！我真的覺得「志摩西班牙村」不錯玩。

雖然我知道，那些讓人驚聲尖叫的雲霄飛車、鐘擺飛船，已經不是這把年紀的我，可以消受得起的設施，連坐個高空飛球，在空中盪個幾圈，都已把我轉得頭昏眼花；不死心的我，試了幾個機動遊樂設施，才認清現在自己能夠承受的，是「幼稚園級」的旋轉木馬。

一九九四年開始營運的「志摩西班牙村」，正值日本泡沫經濟剛剛破裂，開始進入大蕭條的年代，而且「志摩西班牙村」所在的位置，距離最近的鵜方駅有五公里遠。志摩半島雖是個度假區，但畢竟不如東京、大阪，有那麼多的觀光人口，在天時、地利並不有利的情況下，要支撐起一個占地一百一十三公頃的主題樂園，坦白說，初營運時各界並不看好。

也許正是因為天時、地利不佳，人，就變得格外努力；為了招攬遊客，從鵜方駅、賢島駅、大型觀光旅館，都有接駁車開往「志摩西班牙村」；全日本的主題樂園中，「志摩

▌志摩西班牙村

官網：http://www.parque-net.com/index.html

入園料：4,700 日圓，購買與其他觀光設施的聯合套票較划算

交通：鵜方駅、賢島駅前均有三重巴士可達，園區內有接駁車可至園區飯店、向日葵之湯

2 | 1

1 謝幕後，弗朗明歌舞者會擺 pose 讓大家拍照

2 有趣的遊樂設施

2 | 1
1 白牆與小盆栽，讓人聯想到西班牙的小鎮民宅
2 來到西班牙村，當然要吃客西班牙海鮮飯

西班牙村」恐怕是最積極與其他觀光設施結合，發行聯合套票來促銷的樂園，伊勢志摩地區所發行的套票中，包含「志摩西班牙村」入園券的就有好幾種。二〇〇一年，「志摩西班牙村」又打造可以眺望美麗海岸的「ひまわりの湯」（向日葵之湯），即使非住宿客、不入園者也能購票泡湯；近年來，更是每年都有新的設施問世，懸吊式的雲霄飛車、不同劇情的3D電影……，即使是樂園常客，也覺得有趣。

而且最大的好處是，這裡有人潮，但不多；每年一百五十萬的入園人次，讓它不致於因為遊客過少，使得園內商家設施休業停擺，讓人覺得掃興，也不會因為人數過多要排隊；以遊園的「效率」而言，這樣的人潮剛剛好。

我最喜歡的，是一天只有兩場的弗朗明哥歌舞秀。雖然要另付五百日圓才能入場欣賞，改編自安達魯西亞詩人費德里戈作品的劇目，即使看不太懂內容，但二十五分鐘的歌舞，節奏、音樂，魄力十足，看不懂門道光看熱鬧，也覺得很精采；而且劇場設計方式很特別，觀眾座位是一張張的小圓桌，門票附贈一杯飲料，還可以帶零食入場，邊吃東西邊看表演，輕鬆的觀賞方式，宛如西班牙的小酒館。為免打擾演出，劇場規定，表演時，觀眾不得拍照，但謝幕後，舞者會擺出許多姿勢讓大家拍個夠，這些貼心的設計，都足見用心。

來到「志摩西班牙村」，絕對不能錯過中午的花車遊行，花車、卡通人物、身著西班牙服飾的工作人員，隨著音樂翩翩起舞，繽紛熱鬧，工作人員還會帶領小朋友一起跳舞，把園區歡樂的氣氛，炒到最高點。

看到好幾個小女孩，一入園就直奔商店街，央求父母幫她買西班牙舞裙；青少年來此，目標當然是刺激驚險的高空機動遊樂設施；老態龍鍾如我輩者，逛逛園區後方的聖塔露西亞風情的小街，徜徉在紅瓦白牆中，也覺得樂趣無窮。

「志摩西班牙村」真是個老少咸宜的主題樂園。

1
2

1 大遊行中每位舞者都使出渾身解數帶來歡樂

2 每天中午的花車遊行，是不可錯過的遊園重點

はちまんかまど海女小屋

官網：http://amakoya.com/
用餐費用：依套餐內容不同，2,000 日圓起

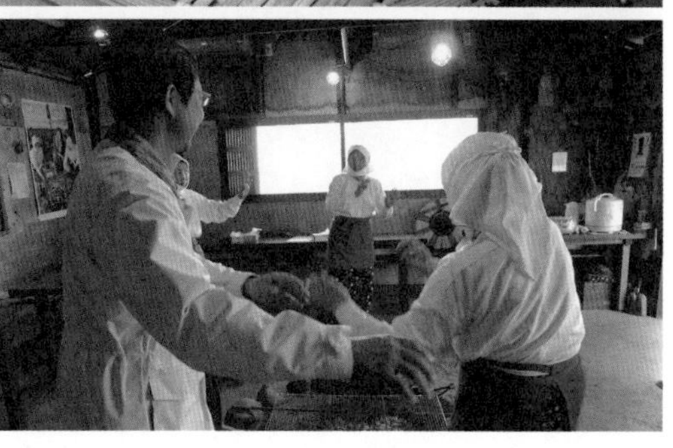

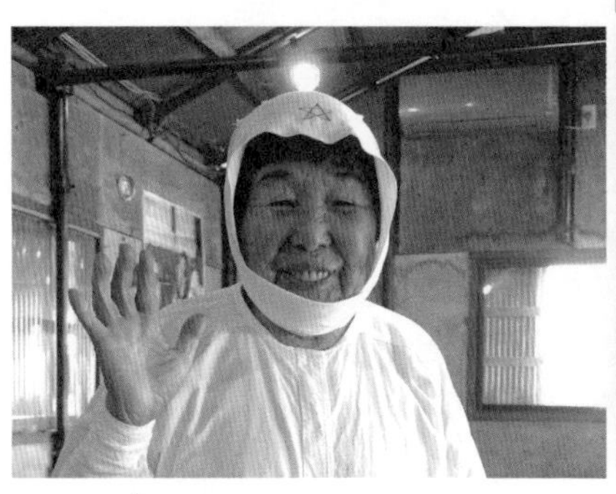

1 兩人共享的鮑魚、龍蝦餐，一人7,000 日圓
2 老公興奮地與海女共舞
3 年紀最長的海女玲子さん，頭巾有星印

花八千日圓車資，為與海女共舞

能年玲奈主演的《小海女》在緯來播出時，時間一到，老公必定守在電視機前，來到志摩，不安排老公與海女見上一面，有損「賢妻」美名；只可惜，這裡沒有「小海女」，只有「老海女」。

相傳古時倭姬命周遊列國時，曾經來到國崎村，當地的海女獻上鮑魚，倭姬命一吃，十分喜愛，從此鮑魚就成了必備的神饌之一。從這個傳說來推斷，海女這個行業，至少已存在了二千年之久。志摩半島現今仍有不少「海女小屋」，但大多位於交通不便的海岸，我從網路預約海女人數最多、肩負海女文化傳承使命的「はちまんかまど」，是少數可以用英文預約的海女小屋。

「はちまんかまど」位於鳥羽市相差町，預約時得先決定要吃哪一種餐，交通方式也說明得很仔細，雖有巴士可達，但班次很少，為了一圓老公與海女見面的宿願，讓我下狠心決定坐計程車前往；研究了交通路線後，發現從「志摩西班牙村」去最近，我刻意把時間預

約在最後一個梯次，打算遊完「志摩西班牙村」後，坐計程車去吃海鮮大餐。

抵達「海女小屋」時，正在蠕動的黑鮑、不時伸展長鬚的伊勢龍蝦，已一副嗷嗷待「烤」的模樣。「海女小屋」本是海女們休息、烤火取暖之所，設備當然簡單，為了服務觀光客，如今內、外已置了不少桌椅，有興趣的，還可以買包魚干帶回家。

等待海女烤海鮮的同時，一大盤鯛魚生魚片端了上來，兩人份足足有半條之多！緊接著，蠑螺、大花蛤、扇貝次第上場，每一種貝類，肉質都很甜脆，當然還有我最期待的大鮑魚與龍蝦！事實上，這裡有多種套餐可以選擇，也有簡單的魚干、貝類套餐，但是大老遠來此，怎能錯過豪華的鮑魚與龍蝦？最原始的炭火直烤，更能顯出它的海潮香氣。

玲子さん是志摩半島年紀最大的海女，她驕傲地指著頭巾上的星印說：「只有年紀最大的海女，才有權在頭巾上縫這個標幟呢！」她告訴我，海女們不依賴任何工具潛水入海，隨時可能遇到未知的危險，所以這一筆到底的星印，是一種古老的封印，象徵著把邪魔封在外面，不能進入，是海女們驅邪避凶的標幟。

就在我正要與伊勢龍蝦「搏鬥」時，海女們圍著火爐，竟跳起了「海女舞」！老公興奮地下場同跳，嘻嘻哈哈地玩了好一陣子，看著老公樂得那副德性，這來回八千日圓的計程車資，為的不就是這一刻嗎？

如何前往「はちまんかまど」海女小屋

「はちまんかまど」海女小屋對於自由行的旅人甚為不便，從「志摩西班牙村」去車程只有 15 分鐘，計程車資約 3,000 日圓；若從鳥羽駅前往，車資約 5,000 日圓，我從「志摩西班牙村」到「海女小屋」再坐計程車到「鳥羽駅」，光是車錢就花了 8,000 日圓，比一人份的海鮮大餐還要貴！

其實從鳥羽駅可以坐往「國崎」的巴士，車程約 40 分鐘，在「畔蛸口」下車，只要事先聯絡，海女小屋的人員會在「畔蛸口」巴士站接你；只是巴士班次少，「海女小屋」一天只有 12:00、13:30、15:00 三個時段可以預約用餐，如果要坐巴士前往，就要有時間運用較無效率的心理準備。

坐西班牙號，暢遊英虞灣

每次看到志摩半島宣傳英虞灣的照片，最令人動心的是，那大大小小六十座島嶼，像碎裂的紙片般，遍布於海面上的奇景；不過，來志摩半島前，查了許多資料，發現除非包下一台直升機，否則即使是名列米其林一星的「橫山展望台」，都無法看到這種「碎裂的海景」。

不能從空中鳥瞰，就只好出海欣賞。

在志摩半島，想要坐船出海欣賞沉水式海岸特殊的地形，可以選擇在鳥羽或賢島坐觀光船；但是我嫌鳥羽灣的觀光船龍宮式的造型太俗，所以把遊船行程放在賢島，一出賢島駅，就直奔碼頭而去。

英虞灣也是志摩半島最主要的珍珠養殖場，我搭的是當天最後一班船，所以省去了繞到珍珠養殖場的「母貝入核見學」行程，但仍見到海面上的珍珠養殖筏，星羅棋布，正在努力孕育讓女人搖曳生姿的寶珠。

風和日麗，海風徐徐，五十分鐘的船程，穿梭於眾島嶼間，也是一種親近英虞灣的方式呢！

志摩半島觀光船

官網：http://shima-marineleisure.com/
票價：鳥羽灣遊船 1,800 日圓，
英虞灣遊船 1,600 日圓

▶英虞灣的觀光船採西班牙航海時代的造型
▼船內的頭等艙裝潢頗華麗

站在門口迎客的是企鵝

志摩マリランド

官網：http://www.kintetsu.co.jp/leisure/shimamarine/
開放時間：9:00-17:00，7、8 月延長至 17:30
入館料：1,300 日圓，買聯合套票較划算
交通：賢島駅走路 2 分鐘

立正，站好！企鵝迎客囉！

本來並沒有打算去「志摩マリランド」這個位於賢島駅旁邊的水族館，但是買了あそばんせ周遊護照，裡面包含「志摩マリランド」的門票，反正多參觀一個景點不用再付錢，而且地點剛好就在賢島駅旁邊，那就「順遊」一下吧！

走到門口，嘿，迎客的不是假企鵝塑像，而是真的企鵝！雖然大部分都是麥哲倫企鵝，但也有少數幾隻國王企鵝，看企鵝笨笨地走路、游泳，模樣煞是可愛，讓人一下子對這個水族館好感大增。

「志摩マリランド」並不大，也許知道「鳥羽水族館」距離此處車程只有三十分鐘，比規模、比種類，都無法與「鳥羽水族館」相提並論，所以格外重視互動學習；只要事先預約，可以與企鵝近距離合照，如果人數夠多（十五人以上）還能參加手摸海星，或是在大潮之日由館方帶領在岩岸進行「磯の生物觀察」，所以即使附近有那麼強大的競爭對手，依然還能存活下來。

就算沒有事先預約那些有趣的體驗活動，館內也有許多珍奇魚類，透明見骨的小魚、通體金黃色的魚……，還有海女餵食秀，是個小巧而有趣的水族館。

志摩観光ホテル難以超越的傳統法菜

第一次知道「志摩観光ホテル」，是因為山崎豐子的《華麗一族》。

《華麗一族》的開場場景就在「志摩観光ホテル」的法式餐廳內；萬俵大介一家人邊吃晚餐邊聊著對新年的展望，山崎豐子花了很大的篇幅描述每個人的服飾，連晚餐享用的失牡蠣、龍蝦濃湯、干邑白蘭地蒸鯛魚、鵝肝菲力，也寫得鉅細靡遺，就是為了突顯這個關西財閥家族，是多麼地富貴逼人。

山崎豐子的小說，常帶有深刻的批判意識，因此取材的考據從不馬虎，當時我便對「志摩観光ホテル」上了心，因為日本的名旅館取名往往很有意思，不是帶有詩意禪味，就是傳承百年的屋號，很少有名旅館像「志摩観光ホテル」這樣的名字，如此通俗大眾。

第二次知道志摩観光ホテル，是看到 PC Home 董事長詹宏志在《壹週刊》的專欄，曾經寫到他曾專程來吃這裡的法式料理，才知道原來「志摩観光ホテル」

▌志摩観光ホテル

官網：http://www.miyakohotels.ne.jp/shima-classic

交通：賢島駅走路 5 分鐘

舊館自 2015 年 5 月重新整修，2016 年 6 月才恢復營業

1 舊館 Classic 面向英虞灣

2 《華麗一族》中萬俵大介一家就在這裡吃晚餐

2 | 1

1 舊館 Classic 比較 old-fashion
2 舊館 Classic 的房間寬敞舒適

的法菜，是日本法菜經典中的經典。詹宏志是文化圈內出了名的美食家，能讓他詳述食記的餐廳，必然美味無比。

「山崎豐子＋詹宏志」，怎能讓我對「志摩觀光ホテル」不動心？所以這次到志摩半島，其實很大的原因，就是衝著這裡的法式料理而來，不吃到，誓不罷休！

幸運地，我在Hotels.com 以不到三千元台幣的價格訂到了房間。原來「志摩觀光ホテル」已經擴建了新館 Bay Suite，舊館 Classic 雖是《華麗一族》中所描寫的地點，但畢竟那是她在一九七三年完成的作品，以現在的眼光來看，雖然還是很氣派，但不免有點 old-fashion，所以另外擴建了比較符合現代「華麗一族」口味的新館 Bay Suite。舊館從二〇一四年決定重新整修，我在整修前入住，自然能以超便宜的特價訂到房間。

但是你知道，想要吃「志摩觀光ホテル」經典的法式料理「優雅の晚餐」，要多少錢呢？

答案是，一人三萬五千元日圓！到底是什麼樣的料理要這麼貴呢？據說這套法式料理，讓昭和、平成二位天皇為它五度來此，再貴，也是愛吃如我輩者，「一生要吃一次」的餐點。

其實「志摩觀光ホテル」的誕生，是志摩半島被劃為國家公園之後，決定了鳥羽、賢島兩地為重點開發區，在一九五一年才建的旅館，所以館如其名，大剌剌地揭櫫了宗旨，因此從開業之初，格外重視料理的表現。在第五代高橋料理長時，大膽改革了菜單，決定以當地最華麗的食材——伊勢龍蝦、志摩黑鮑為主打，接任的料理長宮崎英男更從時間、溫度、份量及對料理的熱情，把這些豪華的食材發揮得淋漓盡致，讓「志摩觀光ホテル」的法式料理聲名大噪。現在的料理長是位女主廚，是宮崎英男得意的徒弟，造訪時剛好是她就職週年，推出帶有承繼意味的紀念菜單，所以我們兩人，一人點傳統經典的「優雅の晚餐」，一人點「主廚就職週年紀念料理」，嚐嚐看有什麼不同。

「優雅の晚餐」中的每道菜擺盤都非常簡單，烹調手法也不新穎，但是道道都讓人回味再三。前菜的白醬焗海膽與菠菜，烤龍蝦的美式醬汁、松阪牛的松露醬汁，都是傳統又熟悉的味道，卻好吃到讓人想把盤子都舔乾淨；黃油黑鮑更絕，簡單到只用牛油與鮑魚，但是鮑魚表面煎得酥脆，肉質又鮮又Q，加上牛油香氣，讓人驚豔到不行！

同樣的黑鮑，同樣的龍蝦濃湯，但是很明顯，「主廚週年紀念料理」無論在基礎、調味，均堅守著傳統，卻又添加了一點小變化；例如龍蝦濃

2 | 1

1 很訝異只用牛油與鮑魚，竟能創造如此美妙的滋味

2 「優雅の晚餐」美式龍蝦是一整隻

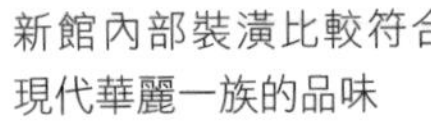
新館內部裝潢比較符合
現代華麗一族的品味

新館 Bay Suite 是志摩觀光ホテル的新館

湯裡，多了龍蝦肉，黃油黑鮑又在黃油中加了海藻泥。「主廚紀念料理」雖也好吃，且價錢便宜了一半，但兩者相比，我和老公一致認為，還是「優雅の晚餐」的味道更純粹！

坦白說，「志摩觀光ホテル」的法菜，是明治時期接受西洋文化洗禮後，創造出來屬於日本人口味的法菜，但是那種滋味，卻是東方人味覺記憶中，西洋料理的滋味。「志摩觀光ホテル」的傳統經典料理，每一道菜看似簡單，卻做出了深韻，憑心而論，其他走傳統法式料理路線的餐館，真的很難超越。

志摩交通攻略

從伊勢往南要到志摩半島，坐JR三重線只能到「鳥羽」；再往南，火車只有近鐵可以搭乘，志摩地區的觀光重點在「鵜方駅」與「賢島駅」，兩站車程約五分鐘，距離很近。

到「志摩西班牙村」要在「鵜方駅」下車，不過，志摩西班牙村離鵜方駅有一段距離，要坐三重交通巴士前往，車程約十三分鐘，每小時有二至三班。

「賢島駅」附近有志摩水族館、英虞灣觀光船乘船碼頭，旅館多數也集中在賢島駅，但是除了志摩觀光ホテル之外，其他旅館與賢島駅的距離有點遠，所以多數旅館皆設有免費的接駁巴士接送客人；賢島駅也有三重巴士直達「志摩西班牙村」，但是每一小時只有一班。

由於許多人到志摩半島玩，都是衝著志摩西班牙村而來，但志摩西班牙村四九〇〇日圓的門票實在很貴，所幸有多種包含志摩西班牙村的旅遊套票，有些還包含近鐵與巴士的交通，詳情可上志摩西班牙村的官網查詢，可以節省不少旅費。

周遊Passport「あそばんせ」，以志摩觀光設施為重點

此次遊志摩半島，我選擇的就是這張套票，它包含五個觀光設施門票，與西班牙村到賢島駅間的三重交通巴士無限搭乘；光是玩志摩西班牙村與坐英虞灣觀光船，就要六五〇〇日圓，兩天內有效的這張旅遊套票賣五八〇〇日圓，除了Aqua

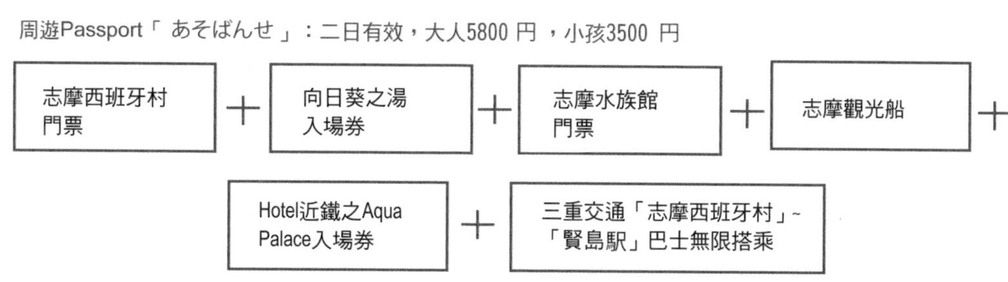

Palace 因為距離較遠沒去玩之外，其他都玩到了，非常划算。

伊勢鳥羽志摩 Super Passport「まわりゃんせ」，交通觀光一網打盡

此套票價格九八〇〇日圓好像很貴，但包含從大阪難波、京都、名古屋出發到賢島間的近鐵特急來回車資，光是這部分就要七、八千日圓，這張票券的重點是在伊勢志摩地區，所以還包括從「松阪－賢島」間的近鐵、三重交通巴士、船皆可無限次搭乘，以交通費計算，已超過票面價。除此之外，伊勢志摩地區二十三項觀光設施皆免門票，四日有效的套票，適合想好好暢遊伊勢志摩的人。

西班牙村＋鳥羽水族館聯合門票，比較不划算

這張套票等於是「西班牙村」與「鳥羽水族館」的門票，雖然比分開購買便宜二千多日圓，但觀光設施只有兩項，總覺得超值性不夠。不過，位於鳥羽駅的「鳥羽水族館」，比位於賢島駅的「志摩マリンランド水族館」有看頭，如果有小朋友同行，天數又短，這張聯合門票或許可以考慮。

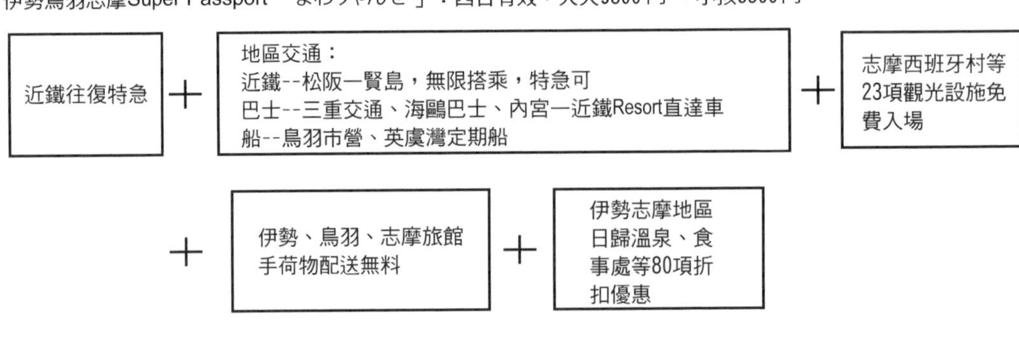

志摩西班牙村2day Passport優惠旅館：限住宿當日及隔日使用，大人3200 円 ，小孩2600 円

志摩観光ホテル	賢島寶生苑	海邊ホテル プライムリゾート	ホテル 近鐵アクアヴィラ伊勢志摩	ホテル 志摩西班牙村

5 間伊勢志摩近鐵 Resort，便利性一級棒

志摩地區的住宿，有 5 間旅館比較值得推薦，分別是加入伊勢志摩近鐵 Resort 系列中的「志摩観光ホテル」、「賢島寶生苑」、「海邊ホテル プライムリゾート賢島（Prime Resort Kashikojima）」、「ホテル近鐵アクアヴィラ伊勢志摩（Hotel Kintetsu Aquavilla Ise-Shima）」與西班牙村內的「ホテル志摩西班牙村」。

賢島寶生苑也能眺望英虞灣

原因在於，這 5 間旅館的便利性非常高，不但有來往車站的免費接駁車，甚至提供每天二班巴士直達伊勢神宮「內宮」，車資僅 500 日圓，但是這種巴士採完全預約制，至少在前一天要向旅館或上網預約座位。其中「ホテル近鐵アクアヴィラ伊勢志摩」因為距離比較遠，所以飯店會配合巴士在賢島駅的出發時間，將客人送到賢島駅搭車。

志摩西班牙村的門票貴，是此區玩樂最大的開銷，這 5 間旅館均可在旅館櫃台購買西班牙村 2 day Passport，價格只要 3,200 円，比一般的 1day Passport 還便宜，而且可享向日葵之湯、賢島寶生苑、ホテル近鐵アクアヴィラ伊勢志摩的 Aqua Palace 入場券折扣優惠，離開前泡個舒舒服服的湯，為志摩半島的旅行畫下一個完美的句點。

從伊勢市駅、近鐵宇治山田駅到旅館間的「手荷物配送服務」，其他旅館運送一件行李要 1,000 日圓，這 5 間旅館享半價優惠，只要在下午一點以前將行李交由服務櫃台，即可輕輕鬆鬆暢遊伊勢志摩地區。

雖然這 5 間旅館住宿的費用均屬中高價位，但如此高的便利性，真是不住也難。

風格小鎮 九 小布施

高山下的栗子小鎮 小布施

站在小布施駅的月台上，我伸了個懶腰，三個半小時的車程，在火車上睡得稀哩呼嚕，才拖著行李下了火車，還沒出站，涼風一吹，我就被眼前的小鎮風光，吹得睡意全消！

四月初，遠方山頂的雪還未融，山下町內民房安靜悠然，車站周邊農園裡，果樹此刻還是枯枝，顯示還沒進入農忙的季節，好一個與世無爭的小鎮！

小布施，從江戶時代就以敬獻栗子給德川幕府而聞名全日本，即使不是在栗子產季的秋天，小鎮上仍然隨處可見以栗子製作的和、洋菓子，稱小布施是個「栗子小鎮」，其實並不為過。

不過，小布施農園裡的水果，可不只有栗子一種，每年七月舉辦的「くりんこ祭」，一到晚上像個熱鬧的夜市。くりんこ（kulinko）是小布施町人們把「栗子」與「蘋果」兩個日文字合在一起的暱稱，栗子、蘋果、葡萄、櫻桃，是小布施農園種植最多的水果，從八月到十一月，有些觀光農園開放讓遊客限時吃到飽，散步到岩松院時，途經許多果園，卻是一片蕭瑟，真恨自己來錯了季節。

栗子是小布施的代言產品，若論代言人，則屬浮世繪巨匠葛飾北齋。

葛飾北齋享年九十歲，一生作品無數，每改變一次畫風，他就換一個畫號，改號多達三十幾次，但他卻說：「我七十歲以前所畫過的東西都不怎麼樣，也不值一提，我想，我還得繼續努力，才能在一百歲的時候，畫出一些比較了不起的東西。」葛飾北齋在八十二歲時，應高井鴻山之邀，初次來到小布施後，一連四次造訪，在小布施住了很長的一段時間；北齋

從名古屋坐 JR 特急到長野，換「長野電鐵」到小布施，先吃「竹風堂」栗強飯，參觀北齋館、高井鴻山紀念館、栗の小徑，在「傘風樓」吃甜點，返回小布施駅，坐旅館接駁車去山田溫泉。

宿：山田溫泉 風景館

從北齋館到高井鴻山紀念館，有條「栗的小徑」

館、高井鴻山紀念館、岩松院，都保存了當時北齋留下的畫作，這些晚年之作，顯然是「精品中的精品」，讓不少人到小布施，都是抱著朝聖的心情而來。

坦白說，四月初造訪小布施，果不豐，景也不夠美，實非最佳的季節，因此這次行程並未在小布施町內留宿，決定走進遠方那片還未融雪的深山，泡個舒舒服服的溫泉。

「山田溫泉」距離小布施，車程雖然只有二十分鐘，但是深山祕湯，若坐大眾運輸工具並不方便，好在山田溫泉的秘湯旅館「風景館」，設有旅客送迎服務，就在「小布施駅」接客，如此「方便」的祕湯，當然成為我當夜投宿的地點。

「風景館」下午三點半就要在「小布施駅」接人，所以第一天到小布施，只能匆匆看完「北齋館」與「高井鴻山紀念館」，比較遠的「岩松院」，只能留待第二天返回小

從山田溫泉返回小布施，散步至「岩松院」，參觀「桝一市村酒造」、「桝一客殿」。

布施時再去參觀；實際走了一遍後，慶幸自己這樣的安排，果然是這個季節較佳的玩法。

因為四月初的小布施，千曲川沿岸的櫻花含苞待放，Flower Garden 的綠葉花卉也未開，又還不能到果園享採果之樂，所以待在小布施的時間自然不用那麼久，如果是十二月到四月造訪，「小布施」＋「山田溫泉」的搭配，是一個比較有效率的行程。

同樣的景點，不同季節有不同的玩法，這一次來到小布施，心裡又盤算起下回應該挑秋天再來小布施一趟，那時山上的雪已融，雖看不到小鎮雪景，卻能享受秋收的豐美。隨著季節的腳步安排行程，是日本旅行有趣之處，難怪這些風格小鎮，能讓我造訪二、三次，也不厭倦。

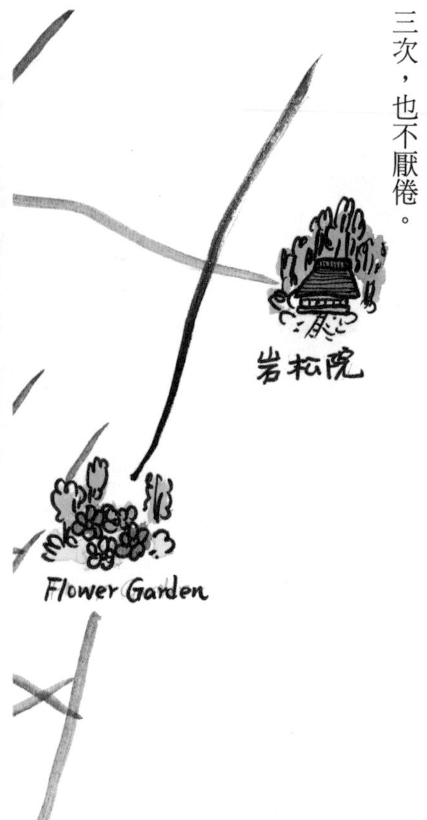

Tips：

- JR 東日本通票及全國版 JR Pass 可坐新幹線至「長野」。
- 周遊小布施主要景點，可購買浪漫號觀光巴士一日券。

3 | 2 | 1

1 遠山雪未融，讓人想走進那片深山裡
2 小布施最不缺的就是庭院咖啡
3 小布施以栗子聞名全日本

重要祭典

4 月：櫻花祭
7 月：くりんこ祭
10 月：六齋祭

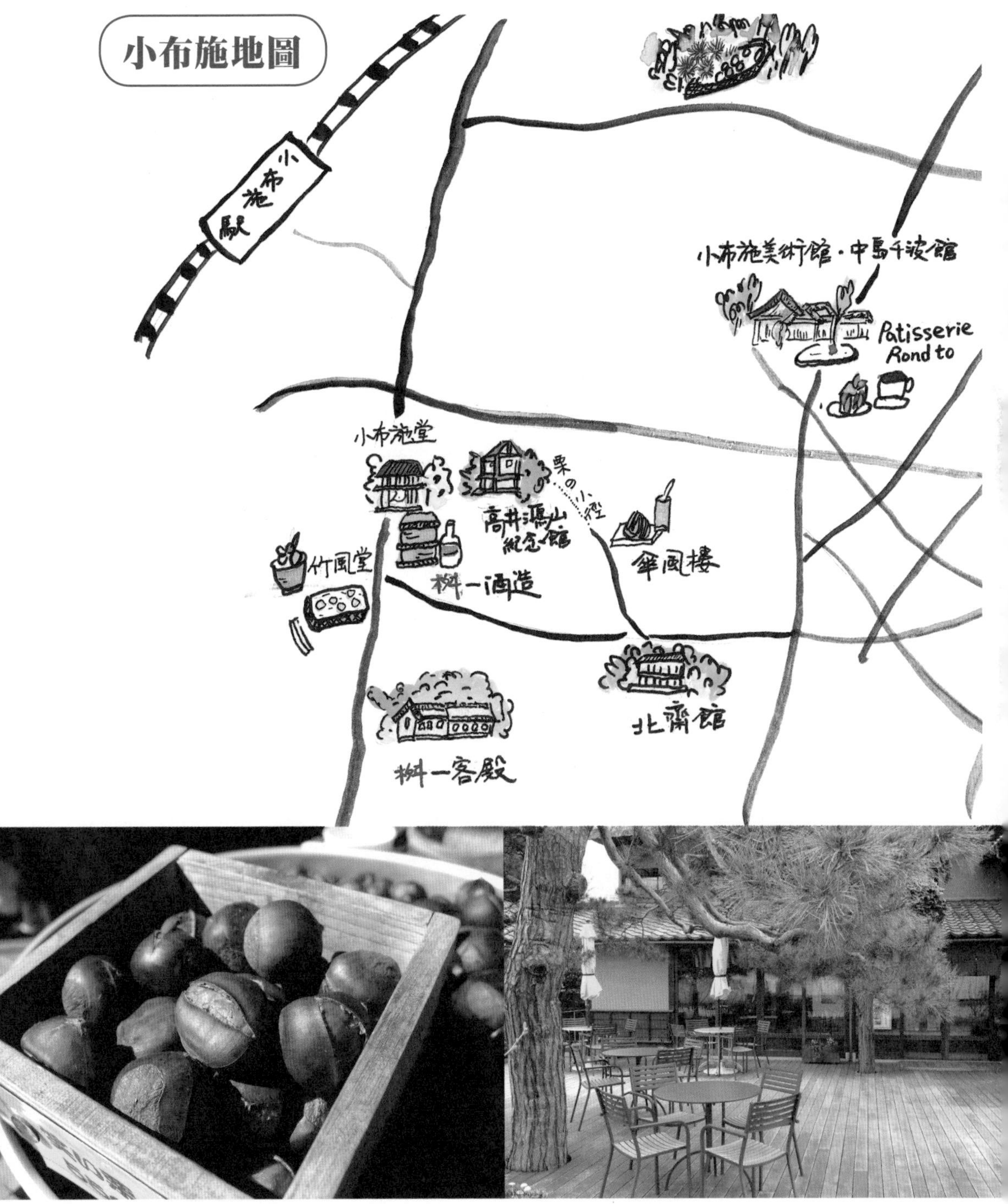

小布施地圖
小布施駅
小布施美術館・中島千波館
Patisserie Rond to
小布施堂
栗の小径
高井鴻山紀念館
竹風堂
桝一酒造
傘風楼
北齋館
桝一客殿

「栗強飯」的栗子，比栗菓子還甜！

「天啊！這栗子是不是加了糖？不然為什麼這麼甜？」在「竹風堂」吃「栗強飯」時，老公被飯上栗子的甜度嚇了一跳！

在小布施眾多的栗菓子店中，明治二十六年（一八九三年）創業的「竹風堂」，歷史並不算太久，雖然「竹風堂」的栗子羊羹、栗子銅鑼燒也很有名，但是在小布施本店二樓食堂所賣的「栗強飯」，更受到大眾青睞。

栗強飯，就是栗子炊飯。每到秋天栗子產季時，只要在市場看到新鮮的栗子，我也常常買來做栗子炊飯；與其他日式炊飯相比，栗子炊飯的作法更簡單，連日式高湯都不用，白米洗淨泡過水，在電鍋裡加入栗子、昆布水、清酒、味醂、鹽，蒸好悶過之後，一鍋香噴噴的栗子飯就出爐！

人的味覺很奇妙，明明甜點中的栗子用糖煮過，但總感覺栗子飯中的栗子，比甜點中的栗子還要甜；那是因為飯中加了鹽，一點點的鹹度，反而把栗子的香甜表現得更突出。

午餐的「山家定食」，除了栗強飯，還搭配了山菜煮物、鰊魚甘露煮、漬物、味噌湯，附上一杯果汁，簡單樸素的組合，但每樣東西都做得很仔細，溫柔得彷彿在吃媽媽做的飯菜。

飯後來客栗
あんみつ，
大滿足！

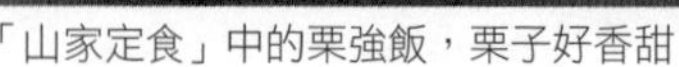

「山家定食」中的栗強飯，栗子好香甜

竹風堂小布施本店

官網：http://chikufudo.com/

營業時間：菓子 8:00-19:00，
食堂 10:00-19:00，1/1-1/3 休

價格：「山家定食」1,450 日圓

地址：長野縣上高井郡小布施町 973，
縣道與北齋館入口交會處

北齋朝聖三景：北齋館、高井鴻山紀念館、岩松院

曾經留學日本的魯迅，對於日本文化極有興趣，留日期間他曾買了不少浮世繪版畫；一九三四年，魯迅在與日籍友人的書信中便曾提及，「對於日本的浮世繪師，我年輕時喜歡的是葛飾北齋，現在則喜歡安藤廣重，其次為喜多川歌麿的人物，……依我看，恐怕還是北齋適合中國人的品味。」

其實不只中國人，在所有的浮世繪中，葛飾北齋《富嶽三十六景》中的《神奈川沖浪裏》，是世界上最知名的浮世繪，把巨浪排山倒海的氣勢，發揮得淋漓盡致；曾經臨摹多幅浮世繪作品的梵谷，名作《星夜》中渦輪狀的圖案，即被公認是受到《神奈川沖浪裏》的影響。除此之外，葛飾北齋教導弟子的教材《北齋漫畫》，十五冊裡有各種人物表情、花鳥走獸，更讓他被認為日本漫畫的始祖。

葛飾北齋著名的《神奈川沖浪裏》

北齋館

官網：http://hokusai-kan.com/w/

開放時間：9:00-18:00（9 月至 11 月提前至 17:30，11 月至 4 月提前至 17:00），12/31 休館

入館料：800 日圓

交通：從小布施駅走路約 10 分鐘，或坐浪漫號周遊巴士在「北齋館入口」下車

從春宮畫到風景畫，從庶民百姓到妖魔鬼怪，曾經自號「畫狂老人」的葛飾北齋，作品風格多變。早年的作品多是可印刷的版畫，晚年則以肉筆畫（直接畫於紙、絹、木板的原作）居多，小布施之所以能成為北齋迷的朝聖之所，就是因為他晚年旅居於此時，留下了許多肉筆畫。

北齋會四訪小布施，一切都拜小布施文人高井鴻山所賜。

高井鴻山出生於小布施富農豪商之家，家族善名遠播，但高井鴻山對經商沒什麼興趣，一生醉心於書畫、儒學，又喜歡與文人雅士結交，他的書房「翛然樓」，不但是文人墨客風花雪月之所，更是幕末志士佐久間象山、勝海舟等人暢言國家大事的地點。

高井鴻山紀念館

開放時間：9:00-18:00
（9 月至 11 月提前至 17:30，11 月至 4 月提前至 17:00），12/31 休館
入館料：300 日圓
交通：從小布施駅走路約 10 分鐘，或坐浪漫號周遊巴士在「北齋館入口」下車

2 | 1
3

1「北齋館」保存著北齋在小布施留下的許多真跡
2 北齋館內不能拍照，只好拍有祭屋台的海報
3「翛然樓」是高井鴻山的書齋，也是眾文人雅士常聚會之所

北齋晚年最大的畫作就在岩松院

岩松院

官網：http://www.gansho-in.or.jp/
開放時間：9:00-17:00，11 月提前至 16:30，
12 月至 3 月提前至 16:00
入館料：300 日圓
交通：從小布施駅走路 30 分鐘，或坐浪漫號周遊巴士在「岩松院」下車

高井鴻山認識北齋後，兩人遂成忘年之交，北齋八十三歲時，在高井鴻山的力邀下，第一次來到小布施，高井鴻山就在家裡為北齋蓋了一座畫室「碧漪軒」。如此盛情款待，難怪會讓北齋在小布施一住經年，留下許多畫作，造就小布施文風最鼎盛的時期。

高井鴻山的宅邸，現在已經成為「高井鴻山紀念館」，門口二幢房舍亦公開展示高井鴻山的書畫、北齋的複製畫等；不過，北齋當時所留下的真跡，都收藏於「北齋館」，「北齋館」裡，最受矚目的是兩座祭屋台，祭屋台的天井是北齋親筆繪製的「龍與鳳凰」與「怒濤圖」，其中「怒濤圖」的高浪另稱「男浪」，矮浪另稱「女浪」，亦是北齋著名的海浪畫作。

不過，葛飾北齋在小布施所留下最壯觀的一幅天井壁畫，是在距離小布施駅較遠，位於雁田山山腳下的「岩松院」。

岩松院是一四七二年創建的古寺，北齋八十九歲最後一次來到小布施，待了將近一年的時間，就是為了完成這幅足足有二十一張榻榻米大的「八方睨み鳳凰圖」，也是他晚年最後的巨作；畫作完成至今已超過一百六十年，但顏色仍然鮮豔奪目，站在天井下仰望，還是能感受它十足的魄力。

「北齋館」、「高井鴻山紀念館」、「岩松院」，是小布施的「北齋朝聖三景」，即使不是北齋迷，也值得走一趟；八十多歲的年紀，仍然有如此豐沛的創作力，難怪他過世之前會感歎：「我多麼希望自己還能再多活五年，這樣我才有時間能成為一位真正的畫家。」

「小布施堂」市村家 代代造福小布施

小布施有「栗菓子御三家」，分別為「櫻井甘精堂」、「竹風堂」、「小布施堂」；其中「櫻井甘精堂」創業最久，已有二百多年，「小布施堂」創業年代最短，卻是名氣最響亮、政經實力最雄厚的商家。

從「北齋館」到「高井鴻山紀念館」，這片小布施的觀光心臟地帶，四周圍繞著吃義式料理與甜點的「傘風樓」、日本料理的「藏部」，釀酒的「桝一市村酒造」、把酒藏改建為現代和風旅館的「桝一客殿」、可以喝一杯的酒吧「鬼場」；這幾間最引人注目的商鋪，都是古民宅改建，內部採低調奢華的和、洋折衷設計，細節概念雖不同，高質感的風格卻很接近，原來它們都是「小布施堂」的關係企業。

「小布施堂」是一九二三年才出現的品牌，但是其家族市村家，是小布施當地的豪農商，主要事業「桝一市村酒造」於一七五五年創業，江戶時代小布施鬧飢荒，市村家開倉放糧救助不少飢民，邀請葛飾

1 小布施堂是栗菓子御三家之一
2 「桝一客殿」就在「北齋館」旁邊
3 「傘風樓」前方是「小布施堂」的販賣處

1/2

1 從這個角度看「桝一客殿」，依稀有酒藏的身影

2 「桝一客殿」與「Park Hyatt 東京」的設計師是同一人

北齋來訪的高井鴻山，本名市村健，就是市村家的第十二代。

市村家在一八六六年被要求捐款一萬兩給德川幕府，本來能得到百石無稅地的賞賜，沒想到隔年「大政奉還」，幕府倒台，市村家得到的反而是龐大的債務；一八七五年，又禍不單行遭逢大火，宅邸房舍被毀去大半。後來市村家力圖振作，順應栗菓子潮流創立了「小布施堂」，轉以製菓為中心，如果不是為了守護家族代代相傳的製酒事業，「桝一市村酒造」早就因為虧損而關門大吉了！

現在位於主幹道「小布施堂本店」旁的大門，是少數在大火中仍然保存下來的建築，從大門即可窺見當年市村家的氣派，大著膽子走進去，經過母屋，還可以連接到「高井鴻山紀念館」。

一樣面向幹道的還有「桝一市村酒造」，一進門，碩大的木桶告訴你，這裡有古法釀製的好酒。近年來，在大杜氏遠山隆吉的帶領下，「桝一市村酒造」找回古老的木桶，恢復了五十年前代表銘酒「白金」，不但重拾往日情懷，更象徵老鋪再生；「桝一市村酒造」除了在酒體本身下功夫，酒瓶、取名更別緻，藍色八角瓶的「鴻山」是為紀念高井鴻山，大吟釀「碧漪軒」取自高井鴻山為北齋所建的畫室，既突顯了家族歷史，酒瓶的設計更走出傳統，加入現代時尚風。

以酒藏改造的旅館「桝一客殿」，本來是我想在小布施住的旅館，雖然最後決定改去山田溫泉泡祕湯，但遊逛時，還是藉口拿旅館DM闖了進去。雖然不能參觀客房，但光是在大廳看幾眼，就覺得品味非凡，原來旅館的設計找了東京Park Hyatt的設計師John Morford；其實不只是「桝一客殿」，「桝一市村酒造」、「藏部」等市村家所經營的餐飲空間，也都是出自於John Morford的手筆，難怪風格如此接近。

很訝異小布施這樣一個鄉下地方，竟然請出國際性的設計大師打造這麼多的餐飲旅宿空間，讓小布施變得魅力無窮，據說這原始的構想，是來自一位在小布施堂工作的美國女子Sara。

一九九六年，市村家打算把一部分的酒藏改為大眾食堂，以彌補年年虧損的「桝一市村酒造」，但是在Sara的建議下，

2 | 1

1 市村家的正門，當年葛飾北齋就由此門進入

2 「桝一市村酒造」以古老的木桶釀酒

2 | 1

1 以栗木鋪枕的「栗の小徑」，是小布施最有風情的步道
2 「傘風樓」的栗子蒙布朗，味道普通

小布施堂相關事業

官網：http://www.obusedo.com/
交通：從小布施駅走路 10 分鐘

把目光放大、放遠，邀請國際性的設計師把老屋改造，更以藏人冬天進入酒藏工作時一待三個月，所吃的料理來設計菜單，成為餐廳「藏部」的起源。這一步，開啟了市村家一連串酒藏改建的想法，製菓事業不再一枝獨秀，「桝一市村酒造」老鋪注入新生命，「桝一客殿」、「傘風樓」、「鬼場」等，一個個酒藏重獲新生的空間，接二連三地誕生。

刻意選擇「傘風樓」做為散步的歇腳處，點了栗子蒙布朗，趁機打量室內的設計，前方是小布施堂栗菓子的販售處，以沉穩的黑色為主調，後方連接的「傘風樓」非常明亮，若不是午後陽光太強，靠窗的位子，還能享受一片綠意。

市村家是小布施最具政經實力的家族，現任町長市村良三推動小布施文化觀光不遺餘力，伯父市村郁夫還曾任長野縣議會副議長；從「傘風樓」到「高井鴻山紀念館」有一段「栗の小徑」，是市村家積極推動的「小布施町景改造事業」的一環，這條以栗木鋪枕的小路，雖然超級迷你，卻是小布施最有風情的散步道。

我家花園請你進

每次回想起小布施，坦白說，印象最深刻的不是栗菓子，也不是葛飾北齋，而是民宅前的一個小牌子，上面寫著：「Welcom to my Garden」。

二〇〇〇年，小布施推動了一項有趣的企劃，鼓勵民眾開放自家花園，供他人參觀。讓陌生人堂而皇之地闖入自己的家園，形同隱私被侵犯，在質疑與說服兩種聲浪相互激盪下，第一年，只有三十八家不怕死的民宅願意參加。

正因為有這三十八家民宅「身先士卒」，許多人發現其實沒那麼可怕，反而讓原本不相識的人，因為花草植物、造園心得，增進了人與人之間的交流。如今，已有一百三十間民宅加入，小布施町，已是道道地地的「花之町」。

所以遊逛小布施，千萬別錯過這些民宅花園；我躡手躡腳地走進這些民宅花園，突然聽到屋子裡有電視機的聲音，嚇得趕快溜出來，深怕打擾了人家的作息。小布施，美的不僅是風景，更是人心。

1 主人大方開放花園，遊客參觀也應守禮

2. 3 看到這個牌子，就大膽走進去吧！

美空雲雀也住過的祕湯旅館

坐上旅館的接駁車，我們朝著那片雪還未融的深山駛去。日本溫泉旅館最棒的服務之一，就是這種「無料送迎」，靠著它，我不知拜訪了多少偏僻的「祕湯旅館」，否則對於觀光客而言，想要親近這些躲在深山的絕景祕湯，還真不容易。

嘗試過溪邊、海岸、瀑布、大壩下的祕湯，甚至跳進溪水裡，河床這邊還是冷泉，移動幾步卻是溫泉，泡過這麼多有趣的祕湯之後，山田溫泉「風景館」吸引我的理由，是這裡有兩個「樹屋溫泉」。

樹屋溫泉？對！就是在樹幹上搭起樹屋，置放浴池的溫泉；「風景館」把這樹屋溫泉命名為「天空の小鳥風呂」，讓每組客人貸切三十分鐘，登記入住時，櫃台人員就幫我預訂了時間，還問我：「要泡圓形的浴池？還是方形的浴池？」

原來樹屋溫泉有兩間，我選了圓形的浴池，時間一到立刻等在門口，前組客人才剛剛泡完，走進去，嘿！還真的是在大樹下騰空架起了木板，變成一個溫泉露台，就像小

1/2/3

1「仙人露天岩風呂」位於松川溪谷畔
2「天空の小鳥風呂」圓形浴池兩個人泡大小剛好
3「天空の小鳥風呂」方形浴池可容納一家四口

鳥佇足在樹上。

「好舒服啊！」剛剛好的水溫，讓人舒服得不想起身，眼前樹林還未融的積雪，像乳牛身上的花紋；圓形浴池兩個人泡，大小剛剛好，這「小鳥風呂」實在太舒服，泡完後，我又預約隔天起床後再去泡方形浴池，方型浴池比圓形浴池大，一家四口泡也不嫌擁擠。

「天空の小鳥風呂」能泡湯，但不能洗澡，沒有洗髮精、沐浴乳，所以要洗澡洗頭，得到室內風呂「瑠璃洸泉」。「瑠璃洸泉」檜木池中的溫泉，沒有加一滴自來水，但水溫極燙，泡不到二分鐘，就想跳出來。

「風景館」還有一個「仙人露天岩風呂」，位於松川溪谷邊，採男女入替制，以開鑿的大岩石當湯池，充滿野趣，更有祕湯的氣氛。但是想要泡這野天祕湯，得先換防滑靴，爬下一百五十層階梯才能到達；泡湯前下樓梯輕鬆，泡完湯，卻是氣喘噓噓的開始。

1 山田溫泉古老的「大湯」前，設有足湯
2「風景館」冬天嚴寒，房間內設有暖桌
3 晚餐雖非頂級美味，倒也算有特色

晚餐的料理，就如同許多山中的祕湯旅館，雖非頂級美味，卻有自己的特色。蔬菜天婦羅所沾的鹽是紅色的「蔓越莓鹽」；主菜信州牛，看似油花不多，吃起來油脂卻很豐富；最好吃的則是信州雞肉鍋，肉質鮮嫩、大蔥香甜，配上味噌湯底，讓我吃得一滴不剩。

早餐比想像中簡單，除了常見的湯豆腐、納豆、溫泉蛋、小魚甘露煮、漬物、優酪乳外，最特別的是給了一碗咖哩醬，日式祕湯旅館以咖哩飯當早餐，還真絕！

睡前隨手翻看旅館的介紹，發現「風景館」其實頗有歷史，從江戶時代在松川溪谷畔開業至今，已超過二百四十年，許多文人墨客均曾下榻於此。突然看到一個名字「美空ひばり」，哈！想不到這深山祕湯旅館，竟然吸引了「永遠的歌姬」美空雲雀造訪，原來，我還和這位日本歌謠界的女王，泡過同一個湯哩！

高山村五大百年古櫻

「まだまだ！」（日文「還不行！」）即使知道機會不大，我還是抱著一絲希望詢問「風景館」櫃台人員：「早朝櫻花見學巴士有沒有開？」只見櫃台阿伯搖搖手，我只好死心。

距離「風景館」不遠的長野縣高山村，有 5 棵超過百年的古櫻：「水中的枝垂櫻」樹齡 250 年、「黑部的江戶彼岸櫻」樹齡 500 年、「赤和觀音的枝垂櫻」樹齡 200 年、「中塩的枝垂櫻」樹齡 150 年；其中「中塩的枝垂櫻」開花最早，但花期也是落在 4 月中。

長野縣地勢較高，所以花期比其他地區晚，五大古櫻滿開往往在 4 月下旬，「風景館」針對宿客，在第二天早上 6 點半，備有無料接駁車，帶客人去高山村欣賞古櫻，我 4 月初來抱著一絲期待，顯然氣候暖化，還未達讓古櫻早開半個月的程度。

山田溫泉「風景館」

官網：http://www.fukeikan.co.jp/index.html

價格：一泊二食 12,000 日圓起

交通：15:30 於小布施駅有無料送迎巴士

小布施交通攻略

要到小布施，要先到長野換「長野電鐵」；在東京坐新幹線到長野，只要一個半小時；從名古屋只能坐JR信濃特急，得花三小時；所以從東京出發遠比從名古屋出發快。

「JR東日本通票」與「JR關東地區通票」不能坐長野電鐵

這回在長野縣，主要是玩小布施與輕井澤，兩地車程約一小時，長野縣屬於JR東日本的營運範圍，但是不管是十四天內任選五天的「JR東日本通票」（JR East Pass），或是連續三天使用的「JR關東地區通票」（JR Kanto Area Pass），都不能坐長野電鐵（JR東日本通票曾出過「特別版」可以坐長野電鐵，但現在已停售），長野－小布施的票價，普通車是六七〇日圓，特急是七七〇日圓，要另外付錢。

「JR東日本通票」新幹線可坐到「長野」，但「JR關東地區通票」只能坐到「佐久平」，若是買「JR關東地區通票」，得另外付佐久平－長野的新幹線車資，單程二八一〇日圓；

前往小布施、輕井澤的交通

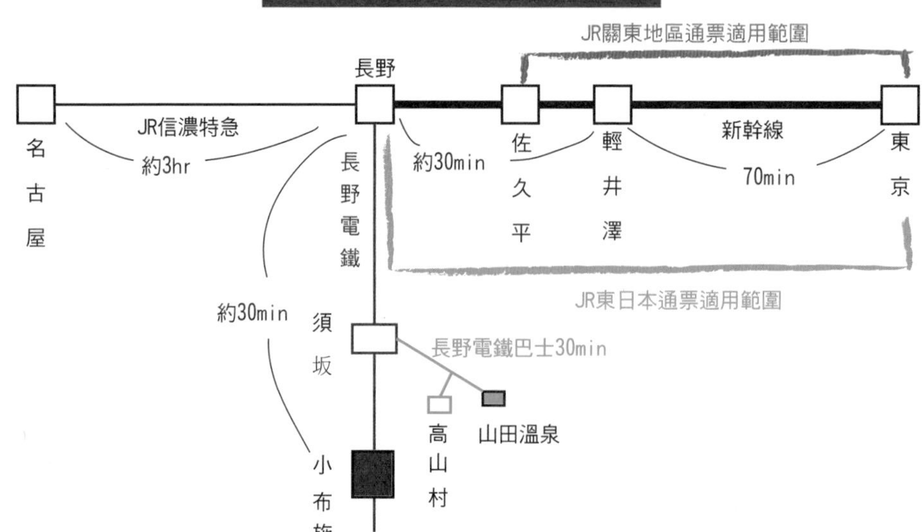

「JR東日本通票」五天二萬二千日圓，「JR關東通票」三天是八三〇〇日圓，相差很大，該選哪種Pass？要視其他行程而定。如果只玩小布施、輕井澤，還是買「JR關東地區通票」再補新幹線車資比較便宜。

要提醒的是，JR東日本對這兩種Pass，常常在天數、適用範圍、價格，略做調整，例如二〇一五年三月十四日開始，東日本通票增加了「長野－上越妙高」這一段的北陸新幹線，但減少了信越本線「長野－新井」的區間，因此購買前，一定要詳查最新的使用規定。

到山田溫泉、高山村，要在須坂駅坐巴士

這次所住的「山田溫泉 風景館」，在小布施駅有無料送迎巴士，每年春天旅館還有「早朝櫻花見學巴士」，帶客人到高山村去欣賞五大古櫻，非常方便。

若要自行前往高山村或山田溫泉，則需搭「長野電鐵巴士」，但不是在「小布施駅」搭車，是在前二站的「須坂駅」搭車；到「山田溫泉」要坐長電巴士的奥山田線，想到高山村賞古櫻，則得坐高井線在「農協前」下車，兩者車程都是半小時左右，但每條路線的巴士一天都只有四班。

小布施町內散步，搭配「浪漫號」更輕鬆

小布施很適合散步遊逛，從小布施駅到較遠的「岩松院」，徒步時間約30分鐘，從車站的另一頭走到「千曲川總合公園」，也是30分鐘，但邊走邊逛還是會累，建議從「小布施駅」到「北齋館」這一段可以用走的，此區逛完後，要到「岩松院」或「Flower Garden」，可以視「浪漫號周遊巴士」的發車時間，決定是否坐車前往。

「浪漫號」一日券300日圓，除了小布施駅內的觀光協會可以買之外，每一站亦可購買一日券，但是12月至3月「浪漫號」停駛，其他時間每小時一班車，不過，栗子產季的9月至11月，假日會增加到一小時兩班。

Day 12
Day 13
Day 14

風格小鎮＋輕井澤

輕井澤　見證幸福的人生

每次來輕井澤，都讓我有股衝動，想在這裡買間森林別墅，因為在這裡，總是很輕易地讓人感受到幸福。

看著騎自行車的人悠閒地穿梭在白樺木林，是幸福；看到鹽澤湖上陪兒子奮力踩著水上腳踏車的父親，是幸福；連逛 outlet 買到特價精品，那種買到賺到的得意，都讓人覺得幸福；因為在輕井澤，幸福，可是經過許多人掛保證的。

幸福的開端是相遇。

日本第一位平民皇后美智子，就是在輕井澤與明仁天皇因一場網球比賽而邂逅。當時還是皇太子的明仁，雖然輸給了美智子，卻對她產生好感；美智子是日清麵粉老闆正田英三郎的長女，雖然家世良好，但非皇族出身，太子選妃竟然看上的是位平民，當時在皇室內部引起不少反對聲浪，最後在昭和天皇表態：「只要皇太子喜歡，平民也無妨。」終於打破維持千年的皇室傳統，從此皇室血脈從「神」，轉向了「人」。

我在「舊輕井澤駅舍紀念館」參觀時，發現館內展示造訪輕井澤的皇室成員照片，最多的就是明仁天皇與美智子皇后，從皇太子時代到繼位天皇之後，帶著一家大小來輕井澤度假的次數相當頻繁，難怪輕井澤會被稱為是日本皇室最愛的度假地。

喜歡輕井澤的，還有約翰藍儂。

約翰藍儂與小野洋子之間的愛情，雖然引來世間道德的批判，但是誰也無法否認，小野洋子是約翰藍儂一生最迷戀的人，也是最能觸動他靈魂的人。從一九七六年到一九七九年，

中午從小布施出發到輕井澤，參觀《神之雫》漫畫中出現的酒窖，散步至「雲場池」，到「萬平ホテル」喝下午茶，舊輕井澤銀座街散步，晚餐吃在《神之雫》中出現的料理。

宿：Auberge de Primavera

2 | 1　**1** 萬平ホテル博物館內保留約翰藍儂所用的鋼琴及照片
2 林間這些告示牌，告訴你這裡的別莊主人有誰

每一個夏天，約翰藍儂總是帶著小野洋子、兒子西恩藍儂來輕井澤報到，「萬平ホテル」的工作人員告訴我，他們一住就是一、二個月！如今飯店內的博物館，還保留了當時約翰藍儂彈過的鋼琴、小野洋子用的梳妝台，以及一家三口的照片。

造就這份幸福感的另一大功臣，則是教堂。

在江戶時代，輕井澤雖然做為中山道的宿場而興起，但在明治時代，宿場功能已式微，一八八六年加拿大傳教士 Alexander Croft Shaw 來輕井澤傳教，覺得這裡與加拿大故鄉的風光很接近，便在此住了下來，不但建了輕井澤第一座教堂日本聖公會輕井澤ショー（Shaw 蕭）記念禮拜堂，更蓋了輕井澤天字第一號的別墅，開啟了輕井澤避暑勝地的歷史；在 Shaw 的大力宣傳下，許多外國人也到這裡蓋別墅，因此輕井澤洋風極重，與日本其他鄉下的小鎮風格截然不同。

參觀三笠ホテル、舊輕井澤森ノ美術館，午餐吃「明治亭」炸豬排，去星野溫泉泡湯，參觀石之教會、高原教會，晚餐享用 Yukawatan 法式料理。

宿：Auberge de Primavera

一九三五年，瓦特神父在舊輕井澤蓋了「聖保羅教堂」，邀請為建造舊帝國飯店而來到東京的安東尼・雷蒙（Antonin Raymond）進行設計。雷蒙把西方混凝土與日本傳統木造建築結合，對日本現代建築影響極大；小巧優美的「聖保羅教堂」，不但獲得「美國建築學會獎」，日本作家堀辰雄還把這座教堂寫進了他的小說《木之十字架》，一句「在輕井澤聖保羅教堂結婚，可以得到很多人的祝福」，成為許多情侶嚮往的結婚地點。「聖保羅教堂」、「高原教堂」、「石的教堂」，是輕井澤最美麗的三座教堂，每年約有四千五百對新人在此舉行婚禮。

所以每次來輕井澤，看到火車站前那些房屋仲介的告示，一千多萬新台幣就能擁有一幢森林別墅，總讓人頭腦發熱地想在輕井澤買間森林小屋。但是輕井澤的冬天實在太冷，只有五月到十月較適合居住，所以還是冷靜點，告訴自己：「想要捕捉幸福感，多來玩幾次就好了！」

輕井澤駅內賣的「橫川駅釜飯弁當」，是人氣第一的駅弁

輕井澤是結婚勝地，街上常看見婚紗店

風格獨特的「石之教會」，吸引新人來此舉辦婚禮

上午去採草莓，遊繪本美術館、輕井澤塔列辛，在星野榆樹街小鎮午餐，去 Prince Outlet，坐新幹線到東京前，買橫川駅釜飯弁當。

重要祭典

5月：春之音樂祭、
　　輕井澤 Granfondo 自行車賽
7月：夏日燭光夜
12月：福音音樂會

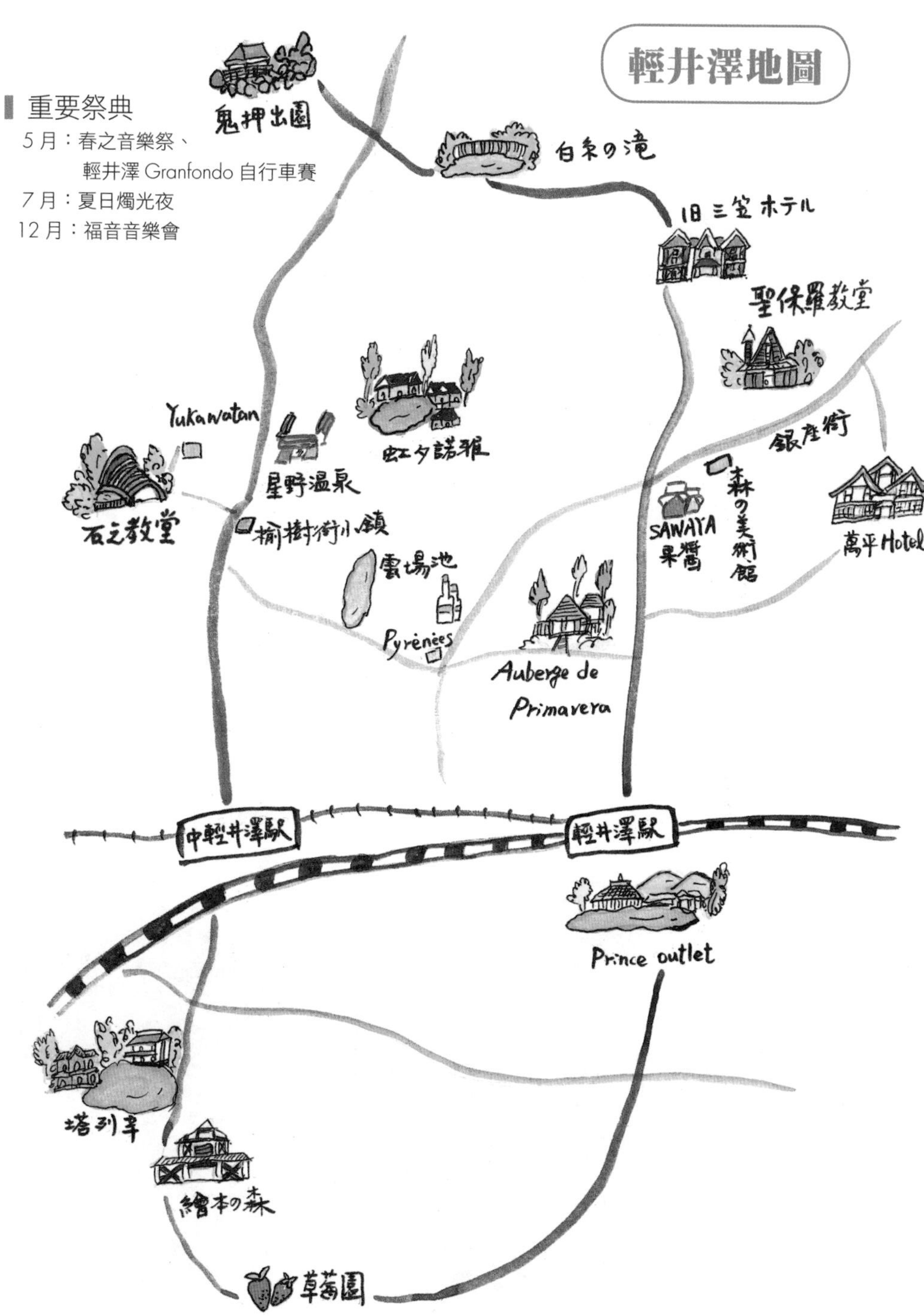

一生要住一次的「輕井澤 星のや」

如果要問，我對輕井澤最深刻的印象是什麼？浪漫的教堂？森林中的咖啡館？可愛的歐風民宿？宛如世外桃源的美術館？還是會讓人刷爆的Outlet？

這些都是，也都不是。

坦白說，最讓我難以忘懷的，是星野集團的「星のや」（hoshinoya，虹夕諾雅）。

任何人看到「星のや」旅館的照片，都會認為它是「一生一定要住一次的旅館」，特別是「水波の部屋」，似乎從房間露台上腳一伸，就踏進了水裡。被森林包圍的旅館，夏天新綠涼爽，但消費門檻相當驚人；冬天山裡太冷，才會降價優惠。二〇〇六年夏天，我在「一休.com」訂了最便宜的「山路地の部屋」，房價一人二萬日圓，已算相當優惠的價格，馬上飛到輕井澤，一圓宿夢。

「星のや」每一個角落，真是迷死人！位於

星のや　輕井澤

官網：http://www.hoshinoyakaruizawa.com/

交通：在輕井澤駅南口有免費接駁車至星野 Area

輕井澤的虹夕諾雅，是旅館迷一生要住一次的旅館

中輕井澤的星野溫泉，最初的開發者是星野嘉助，一九一四年他在此開設了溫泉旅館，成為森林裡的一軒宿，吸引了與謝野晶子、內村鑑三、北原白秋等文化界的人士，設置了「藝術自由教育演講會」，成為引領輕井澤文化、思辯的殿堂。

「日本野鳥協會」創立者中西悟堂有一次來到星野溫泉，看到這裡的森林有豐富的野鳥棲息，認為是世界級的野鳥寶庫，他對星野嘉助說：「至今為止，野鳥對於人類僅是食用功能，但從今以後，應該變成觀賞的功能！」這番話影響了星野嘉助對生態保育的觀念，如今星のや的「野鳥之森」，已是國家級的野鳥森林，此後星野每一個開發動作，思考的都是如何在降低環境負擔的同時，提高其附加價值。

二〇〇五年七月，重新改造開幕的星のや旅館，讓全世界的旅館迷驚為天人！別墅聚落沉穩的氣質，與野鳥森林的氣氛非常和諧，更開風氣之先，以「Energy in My Yard」為理念，運用星

1 「虹夕諾雅」內有一片流水梯田
2 夏天時，「嘉助」會端出有京都風的鱧魚土瓶蒸
3 餐廳「嘉助」設計成階梯狀，頗有巧思

「高原教會」的前身是星野遊學堂

野溫泉豐富的地熱、河流進行水力發電，建築盡可能採開窗式設計，讓自然的風來降低用電量；能源自給自足，即使在今天仍然十分先進。

正因為那次的住宿經驗太美好，後來只要有朋友想去日本，我便極力推銷朋友去住「星のや」，惹得許多朋友罵我：「到底星野是付了妳多少錢啊？」很抱歉，星野非但沒付我錢，反而讓我為了想一親芳澤，荷包嚴重失血。

星野後來在日本各地打造了許多旅館，其中部分為受託經營，逐步發展成龐大的旅館集團。依照定位區分，有低調奢華的「虹夕諾雅」系列、小而美的「界」系列，適合家庭的「Risonare」系列，及其他個性派旅館；輕井澤的「星のや」則是屬於最頂級的「虹夕諾雅」品牌。

事實上，在中輕井澤的星野Area，馬路另一側的山坡上，還有另一間洋風的姐妹館Hotel Bleston Court，是輕井澤舉辦森林婚禮的重鎮，因為Hotel Bleston Court所管理的兩座教堂，美麗浪漫得令人屏息。

三角型的「高原教堂」，前身是「星野遊學堂」，當年思想家內村鑑三等人的「藝術自由教育講習會」就是在此舉辦。二次世界大戰後，「星野遊學堂」荒廢，內村鑑三對日本基督教的傳播影響極大，所以後來被修葺為教堂，每年夏天舉辦的燭光會，或是在聖誕節舉辦的福音音樂會，總是吸引許多人前來。

不過，我更喜歡的，是星野集團在一九八八年，以內村鑑三的神學理念，所打造的「石之教堂」。內村鑑三倡議「無教會主義」，認為信仰基督不應拘泥於形式與制度，他主張取消受洗、聖餐這些儀式，因為「人不是靠對些聖事的行為而獲救，是靠信仰而得到救贖」，他認為祈禱也不用局限於教堂，因為「上帝創造世界，以天為蓋，以地為盧，天空的飛鳥是大自然的音樂家，上帝以山川為講堂，宣講祂的話語。」

星野特地邀請崇尚建築與自然融合的美國建築師凱洛格（Kendrick Bangs Kellogg），以「天然的教堂」為概念，運用「石、光、水、綠、木」五大元素打造這座「石之教堂」，主結構的十三道拱門，由大到小坡道的排列方式，彷彿走進山洞，更讓人訝異的是，這十三道拱門看起來像石

2 | 1
3

1「石之教會」13 片拱門狀的洞穴
2「石之教會」主祭壇氣氛自然神聖
3 坐在石之教會前的「玄關」看盡森林綠意

材，其實是混凝土的結構；教堂內部一進去是內村鑑三的紀念館，主祭壇則不見神像與十字架，但壇後的自然光，卻把氣氛營造得更神聖。

星のや採取泊、食分離的住宿方式，客人並不一定要在高級日本料理「嘉助」吃晚餐，雖然那次我還是在「嘉助」吃晚餐，但憑心而論，相較於環境、建築的卓越表現，「嘉助」的料理水準其實並不突出；不過，階梯狀的餐廳，還是很值得進來坐坐。早餐提供的時間到中午，日式早餐本來就豐富，乾脆把早餐當午餐來吃。

那麼晚餐該在哪裡吃呢？這一點倒不用擔心，因為星野 Area 的餐食選擇很多。如果想吃高級的料理，非常推薦去 Hotel Bleston Court 的法式餐廳「Yukawatan」，如果想吃平價美食，區內原本只有提供日式簡餐的「村民食堂」，但二〇〇九年開闢的「榆樹街小鎮」有更多和食、洋食的選擇。

「榆樹街小鎮」也讓此區變得更加豐富，一百多棵榆樹圍繞著十幾家店鋪，從家具雜貨到餐廳、咖啡館，每一家都值得佇足賞玩；其中「丸山珈琲」販售來自世界各地的有機咖啡豆，座位區更與書籍結合，成了道道地地的「書香咖啡」。

就算不住宿，蜻蜓之湯（トンボの湯）、榆樹街小鎮、高原教堂、石的教堂，都是非住宿客可以漫遊之地，「星野 Area」絕對值得你花一個下午的時間好好享受。

「榆樹街小鎮」有許多可愛的雜貨鋪

2009 年開幕的「榆樹街小鎮」讓星野 Area 更豐富

Yukawatan 浜田統之的每道菜都讓你眼睛一亮

「這裡的法式料理，絕對排得進全日本TOP 10！」站在「Yukawatan」外，我與一位來自京都的日本男性正在聊天，他的英文極流利，短暫的交談，感覺得出來是位見多識廣的紳士，他毫不遲疑地說出了他對Yukawatan的評價。

Yukawatan是Hotel Bleston Court的法式餐廳，我二〇〇六年來此時，旅館的法式餐廳還是個可容納一百三十位客人的「大」餐廳，這一次來，卻變成只能接受二十四位客人的「小」餐廳，但是座位數變少，評價卻更高。

這一切，是浜田統之擔任料理長之後，才有的轉變。一九七五年鳥取縣出生的浜田統之，一直學習的是義大利菜，二十四歲才進入法菜的世界，不像許多日本名廚遠赴法國星級餐廳修業，浜田統之是位在日本土生土長的料理人；二〇〇四年，他參加在法式料理中最具權威的博古斯（Bocuse d'Or）烹飪大賽，獲得成為日本代表的資格，那時他還不到三十歲，是史上最年輕的日本代表，雖然後來並未獲獎，但已是受矚目的新星。

2 | 1

1 以信州食材的六品前菜，每個石頭隨菜的溫度而不同

2 Yukawatan 只能容納 24 位客人，想吃請儘早訂位

Yukawatan

官網：http://www.blestoncourt.com/

價格：18,000 日圓起

交通：輕井澤駅南口坐星野 shuttle bus，下車後走路 10 分鐘

抹麵包的不是奶油，是豆腐起士

開胃小點竟然是烤魚干與紙肉乾

二〇〇七年 Hotel Bleston Court 相中這位年輕主廚，請他出任料理長。根據日本媒體的報導，在此之前，Bleston Court 的法式料理，就像許多度假旅館的料理一樣，好吃，但印象並不深刻，浜田統之來了之後，銳意改革的是，「如何做出讓人覺得有趣的料理」。

浜田統之是個極用功的廚師，每天，他在輕井澤各個農場、牧場「探密」，尋找優質的食材，他似乎相信，競賽，是激發創意的動力。他說服旅館在內部舉辦員工間的比賽，所有食材費用全由旅館負擔，他自己也積極參與國際性的烹飪大賽；二〇一三年，他獲得博古斯全球料理大賽第三名，其中魚料理是第一名，是有史以來日本代表最佳的成績。

吃浜田統之的料理，最大的享受是，他常會帶給你出乎意料的驚喜；開胃小點竟然是魚乾、紙肉乾！類似 finger food 的前菜，放在六顆圓石上，若是冷菜，下面的石頭就是冷的，若是熱菜，下面的石頭就是溫熱的。六個 finger food 皆採用信州當地的食材，例如綠色的是信州新町仔羊做的炸肉球配紫蘇花，鮮紅色的是佐久的鮭魚與蕃茄做成的果凍；若不是侍者英、日文並用地解釋，根本搞不清楚到底吃進了什麼。

浜田統之喜歡從大自然中找靈感，用花與山菜入菜，擺盤又像抽象畫；主菜是油花密布的生牛肉片，淋上高湯後突然濃煙四起，原來盤中藏了一塊熱石，竟有涮涮鍋的 fu；更妙的是，抹麵包的不是奶油，而是自製的豆腐起士，濃郁中竟有清新感，害我麵包多吃了好幾塊。

不過，讓我印象最深刻的，是餐後的 petit four；侍者搬來一個大木箱，一打開，裡面竟是琳瑯滿目的各式糖果，這已經夠讓人興奮了！沒想到，吃了幾塊後，侍者又跑來，原來木箱另有機關，底下的圓形樹根裡，還有隱藏版的巧克力與松子蛋糕！從沒見過如此豐盛的 petit four，侍者指著一些耐放的小點說：「這些我可以幫妳打包帶走！」

我「又吃又拿」地結束了這一餐，過程如翻山越嶺，一重又一重的驚喜，真是讓人應接不暇。我極力認同那位日本客人的評價：「Yukawatan 絕對是全日本 TOP 10的法菜餐廳！」

petit four 是個大木箱，樹根圓盤內還有隱藏版甜點

北輕井澤的大自然奇景：白糸の滝、鬼押出し園

輕井澤的範圍極廣，狹義的輕井澤，是指長野縣的輕井澤町及舊輕井澤一帶，廣義的輕井澤，還延伸至群馬縣的白根火山。我在二〇〇六年夏天，來輕井澤玩了五天四夜，其中有二天，把重點放在北輕井澤，特別跑去「白根火山」、「草津溫泉」，由於路途較遠，還在「萬座溫泉」住了一晚。如果不想跑那麼遠，北輕井澤還是有二個距輕井澤町較近的景點，分別是「白糸の滝」、「鬼押出園」，都是屬於大自然的奇景，很值得一逛。

白糸の滝　水滴的六年之旅

滝，即瀑布。「白糸の滝」並不高（僅三公尺），卻極寬（寬度達七十公尺），萬縷白糸如裙擺，讓這個瀑布顯得很女性。記得在夏天來此時，四周綠意環繞，清涼暢快！

「白糸の滝」是淺間山的降雨，在地底下經過一場旅行之後，在此湧出的地下水因此水溫冷冽，你猜猜，這些水從淺間山流到這裡來，要花多久的時間？旁邊一個立牌告訴你：「要六年！」輕井澤海拔一千公尺的高原氣候，夏天固然成為最佳的避暑勝地，也代表冬天極為寒冷，到了冬天，水結成冰，萬縷白糸搖身一變，竟成了萬根冰柱！

記得那次夏天來「白糸の滝」，巴士站牌前的土產店，賣著好大的水蜜桃，買了兩顆水蜜桃，又香又甜，那滋味，至今難忘。

白糸の滝
交通：從輕井澤駅北口，
坐往草津溫泉的草津交通巴士，
約 30 分鐘，在「白糸の滝」下車

◀「白糸の滝」萬縷白糸如裙擺

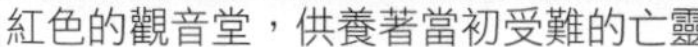
紅色的觀音堂，供養著當初受難的亡靈

「鬼押出園」是世界三大奇景

鬼押出し園　淺間山住了一隻會噴火的鬼

傳說淺間山裡住了一隻會噴火的鬼。一七八三年的四月，這隻鬼開始作怪，淺間山開始噴煙並發出轟轟巨響；五月時，火山活動變得劇烈，到了七月再也按捺不住出現爆炸，七月七日傍晚，激烈的噴火到達最高潮，持續到七月八日，即使是白天，天空仍然如夜晚般地黑暗。

這是群馬縣《嬬恋村誌》所記載的淺間山爆發紀錄。二百多年前淺間山的爆發，造成附近村民四百七十七人死亡，僅鎌原觀音堂內九十三人逃出獲救，紅色滾燙的熔岩，自火山口北方蔓延了六．八平方公里，降溫後變成黑色今天的奇景，即是「鬼押出し園」的由來。

走進「鬼押出し園」，黑色怪石嶙峋，彷彿聽見大地的悲鳴，紅色的觀音堂佇立在黑色的怪石之上，是昭和三十三年（一九五八年）所建，供養著當時的罹難者，象徵著人類對大自然的敬畏，也代表希冀平安的祈願。

「鬼押出し園」與鹿兒島的櫻島火山、義大利的維蘇威火山，被喻為是世界三大奇景，應該是寸草不生的溶岩怪石，二百多年後，長出了嫩綠的青苔、樹苗；這世界，還是充滿希望的。

鬼押出し園

官網：http://www.princehotels.co.jp/amuse/onioshidashi/
交通：在輕井澤駅坐往萬座、草津溫泉方向的西武高原巴士，約 40 分鐘，在「鬼押出園」下車
開放時間：每年 3 月底 4 月初開放參觀，冬季休園，8:00-16:30
門票：650 日圓。初開放或即將閉園前，票價會降至 450 日圓

南輕井澤　走進繪本的世界

從「鹽澤湖」到「風越公園」，是南輕井澤主要的觀光地，走進這裡，彷彿走進一個繪本的世界。說這裡像「繪本的世界」，原因之一，是因為這裡有座「繪本之森美術館」。

記得二〇〇六年來此時，「繪本之森美術館」，只有孤伶伶的一座，現在則已擴建成一個占地一萬五千平方公尺的花園，在原木風格的主館之外，又另建了像魔法小屋的二館，兩個展館內收藏了許多彼得兔、安徒生童話、日本繪本作家的作品；還有小巧可愛的「森の願」，提供你向星星許願；如果想要坐下來閱覽，「繪本圖書館」裡有一千八百冊世界各地的繪本，供遊客自由翻閱。

這些繪本大多都是英、日文，即使不看文字光看圖，還是能了解個大概。相較於台灣，日本更重視繪本的創作，展館中特別為已過世的繪本作家木葉井悅子闢了一個專區，引起我的好奇，她的畫風大膽又充滿生命力，與一般常看到「粉彩療癒」系的繪本很不一樣。例如有一本《カボチャ ありがとう》（南瓜　謝謝），講述一個大南瓜，走著走著碰到蝸牛、老鼠等動物，每個動物都想吃它，南瓜也開心地讓大家吃，最後南瓜被吃掉了，留下的種籽卻在土壤中，大雨過後冒

在「愛爾茲玩具博物館」門口可看到淺間山

「繪本之森美術館」像森林中的童話小屋

夏天的輕井澤塔列辛綠意盎然

繪本之森美術館、愛爾茲玩具博物館

官網：http://ehon-museum.org/
官網：http://erz-museum.org/
開放時間：9:30-17:00，週二休，12 月至 1 月休館日較多
交通：輕井澤駅北口坐町內循環巴士，在「風越公園」下車
入館料：兩館共通券 1,100 日圓，3 月、4 月、11 月至 1 月 1,000 日圓

出了綠葉；這樣一個簡單的故事又富含深刻的寓意，是繪本最大的魅力。

隔著馬路與「繪本之森美術館」相望的，是「愛爾茲玩具博物館」（Erz toy Museum），這是德國玩具品牌 Erzgebirge 所打造的木製玩具博物館，不只能參觀，也可以動手玩玩具；比起塑膠玩具，木製玩具的觸感溫暖，是另一種精湛的工藝。與這兩個博物館比鄰而居的「輕井澤　塔列辛」（Karuizawa Taliesin），則更像一個實體的繪本世界。

「輕井澤　塔列辛」是一個整合鹽澤湖周圍美術館、遊樂設施的綜合性公園。「塔列辛」取自於美國建築大師萊特（Frank Lloyd Wright）在美國威斯康辛州的居所 Taliesin，萊特許多有名的建築，如落水山莊、古根漢美術館，都是在塔列辛完成，因此這個公園取名為「塔列辛」，頗有承襲萊特「追求人類與環境和諧」理念的意味。

事實上，園區內的建築物，也真的與萊特有些淵源，鹽澤湖畔那棟紅色的木造建築，像蝴蝶展翅般左右舒展開來，曾經是設計聖保羅教堂的建築師雷蒙（Antonine Raymond）夏天在輕井澤的別墅，所以它又名「輕井澤　夏の家」。當時雷蒙來日本時，還是萊特建築事務所的員工，受萊特影響極大，現在窗戶掛滿了竹簾，若是把竹簾撤去，想必在夏天相當涼快。

這棟建築物現在做為「貝內美術館」（ペイネ美術館），裡頭展示著法國畫家貝內（Raymond Peynet）的「愛人」系列作品，男主角是位戴著帽子的貧窮音樂家，不論晴雨皆向他的情人表達愛意，每一幅都甜蜜純真，療癒感十足。

「輕井澤　塔列辛」園區內移築了輕井澤許多著名的別墅，例如湖畔另有一座紅白相間的「睡鳩莊」，被認為是輕井澤早期最高級的一幢別墅，別墅建造者是帝國生命社長朝吹長吉，朝吹長吉的女兒朝吹水登子，也是法國文學翻譯家，夏天經常住在這裡。另一座位於山坡上的綠色建築，是明治四十四年在舊銀座街的建造的木造二階洋房，移築於此後，現在是「深紅沢子　野の花美術館」。

輕井澤　塔列辛

官網 http://www.karuizawataliesin.com/

開放時間：9:00-17:00，12 月至 2 月休館日非常多

入園料：800 日圓，入園券＋貝內美術館 900 日圓，入園券＋ 3 美術館 1,500 日圓

「睡鳩莊」是塔列辛內最美的別墅

「貝內美術館」又名「夏之家」，是雷蒙的別墅

2 | 1　**1**「三笠ホテル」建築風格融合美、英、德，卻是日本人一手打造
2「三笠ホテル」已被指定為國家文化財

三笠ホテル

開放時間：9:00-17:00
入館料：400 日圓
交通：在輕井澤駅北口坐往北輕井澤的草輕交通巴士，在「三笠」下車即達

雨天的輕井澤散步行程

旅行最大的敵人是天氣！

這次再訪輕井澤，本來下定決心，要騎雙人協力車暢遊輕井澤（因為我不會騎腳踏車），結果是一連三天，天天下雨，雙人協力車變成透明小雨傘，陪伴我度過這次的輕井澤之旅。

其實從舊輕井澤到南輕井澤，還是有不少適合在雨天拜訪的景點，如果你和我一樣，想在掃興中力圖振作，下面這幾個景點，還是能帶給你一個美麗的回憶。

「三笠」與「萬平」，宮崎駿《風起》中的旅館是哪間？

宮崎駿的電影《風起》故事取材於兩位主要人物，一位是日本零式艦上的戰鬥機設計者堀越二郎，另一位是昭和時期的作家堀辰雄；堀辰雄的代表小說《風起》，是他與患肺病的未婚妻綾子在輕井澤養病的故事。堀辰雄很多作品都以輕井澤為舞台，在電影播出後，位於輕井澤追分的「堀辰雄文學紀念館」，遊客也增加了不少。

喜歡堀辰雄的宮崎駿，不但片名、取材來自堀辰雄的《風起》，故事中患肺病的女主角菜穗子，名字也與堀辰雄另一部小說《菜穗子》相同。電影裡的森林小徑，被認為像「雲場池」附近的風景，火車駛過的大橋墩，與「碓氷第三橋梁」如出一轍；唯獨二郎與菜穗子談戀愛的「草輕ホテル」，出現不同的爭論。

有人說，「草輕ホテル」的原型是「旧三笠ホテル」；有人說，是「萬平ホテル」；也有人說，外表是「旧三笠ホテル」，內部裝潢是「萬平ホテル」。但是依照宮崎駿的說法，都不是！他只是畫自己熟悉、去過的「一處在山上的旅館」。

即使不是為了尋找電影中的場景，「旧三笠ホテル」與「萬平ホテル」，都是適合雨天輕井澤的景點。明治三十九年（一九〇六年）開業的「旧三笠ホテル」，是一座從設計到完工，全由日本人一手打造的純洋風旅館，建築結構走美式風格，窗戶則採英國風，外壁的層貼又參考了德國的工法，有「輕井澤的鹿鳴館」之稱，但不知道為什麼，總是讓我覺得它很像黑森林蛋糕！

「萬平ホテル」的歷史比「旧三笠ホテル」早，它的前身是江戶末期的旅籠「龜屋」。「龜屋」本來的位置在舊輕井澤

萬平ホテル仍然保有懷舊的澤式飯店氣氛

「萬平」咖啡廳裡有輕食，三明治不錯吃

萬平ホテル

官網：http://mampei.co.jp/

交通：從輕井澤駅北口走路約 20 分鐘

輕井澤森ノ美術館

官網：http://www.art-karuizawa.com/index.html
交通：從輕井澤駅北口走路約 20 分鐘

2 | 1　**1**「輕井澤森ノ美術館」位於舊銀座街入口
2 美術館公開徵求各種有趣的照片

銀座街，當輕井澤逐漸變成外國人的避暑勝地，明治三十五年（一九〇二年）「龜屋」第九代主人佐藤萬平在離銀座街不遠的櫻の沢找了塊地，建造了洋風旅館，「龜屋」也改名為「萬平ホテル」；日本的飯店最早出現「一泊朝食付」的住宿方案，就是從「萬平ホテル」開始。

「旧三笠ホテル」與「萬平ホテル」都曾經吸引許多名人政要下榻，但是「旧三笠ホテル」已被列為國家文化財，只能參觀，「萬平ホテル」則持續旅館的經營；我二次到輕井澤，都跑到「萬平」來喝下午茶，享受輕井澤懷舊的洋風氣息。「萬平ホテル」現今仍保留著當年約翰藍儂所住的阿爾卑斯館（アルプス館）房型，但是夏天入住，房價不菲。

在輕井澤森ノ美術館，拍下不可思議的照片

很多美術館為維護作品，往往限制遊客不能攝影，但是位於銀座街入口處的「輕井澤森ノ美術館」，卻請你儘量拍照，甚至還公開募求遊客發揮想像力，拍出各種好玩有趣的照片。

因為這是一間「不思議的美術館」。日本許多觀光地常會出現這種「不思議的美術館」，美術館內的畫作，常常仿效世界名

畫，卻暗留伏筆，遊客站在畫作某一個角度拍照，可以拍出很多有趣的照片，例如偷走「蒙娜麗莎的微笑」、被大白鯊吃掉、被猴子抓住頭……，不管大人小孩，來到這裡都會玩得很盡興。

「輕井澤森ノ美術館」與其他「不思議的美術館」最大的不同，是它不只利用繪畫的3D製造錯覺，還利用空間的3D製造錯覺，例如任憑你怎麼拿也拿不起來的蛋糕、站在特定位置人會變大或變小的空間……。這間美術館的門票並不便宜，要一千五百日圓，但是附贈一塊起士蛋糕，讓你免費在咖啡廳享用；吃蛋糕時難免會想要點杯咖啡，如此一來，美術館又多賺了你一杯咖啡錢，「輕井澤森ノ美術館」真是聰明！

Prince Shopping Plaza　趁日圓貶值買到賺到

在輕井澤時剛好碰上週末，但是從輕井澤駅到舊輕井澤的街道，卻冷冷清清，心裡納悶著，就算下雨，也不致於如此啊！直到來到輕井澤駅南口的 Prince Shopping Plaza，我才恍然大悟，嘿，遊客全都跑到這裡來了！

即使不是下雨天，Prince Shopping Plaza 也會聚集許多觀光客，因為這裡不但是歐美名牌的 outlet，還有許多年輕人喜

Prince Shopping Plaza
官網：http://www.karuizawa-psp.jp.t.kd.hp.transer.com/page/
交通：輕井澤駅南口走路 2 分鐘

▼ Prince Shopping Plaza 是購物者的天堂

2 | 1
1「明治亭」的醬汁豬排飯很犯規，貪吃的我還多點了炸蝦
2「ミカド珈琲」是輕井澤的老牌咖啡館

愛的品牌。從運動休閒到生活雜貨，二百多家商鋪卻一點也不擁擠，草地、戶外雕刻、水池，讓這個購物中心像座公園，在日圓貶值的效應下，簡直是觀光客的天堂！

區內的「味之街」聚集了許多美食餐廳，「明治亭」的祕製醬汁豬排飯，是輕井澤著名的「犯規美食」，即使沾上醬汁，豬排麵衣仍然香酥，加上爆碗的視覺效應，吃完真是大滿足！

「味之街」旁邊的「ミカド珈琲」創業於一九四八年，位於銀座通的「ミカド舊道店」是當年約翰藍儂與小野洋子喜愛的咖啡館，ミカド的咖啡豆品質極佳，我吃完豬排飯來此喝杯咖啡歐蕾，從溫度到牛奶的比例，都覺得很好喝，隔天又跑來再喝一杯，才肯返回東京。

其實輕井澤駅南口，是Prince集團的天下，Prince集團在這片廣闊的土地上，光是旅館就有五間，二〇一四年最新開張的是走頂級路線的「The Prince Villa輕井澤」，還有網球場、高爾夫球場、保齡球場、滑雪場，等於一年四季都有得玩，一網打盡所有客層。

如果不是碰到雨天，我習慣把Prince Outlet放在行程最後一天，而且只留兩個小時給它，買完東西直接跳上新幹線返回東京，也不會太敗家。

輕井澤 Garden Farm　三十分鐘草莓吃到飽

冬天的輕井澤，除了滑雪之外，能玩的景點並不多，許多商店更是一到冬天

▍輕井澤 Garden Farm

官網：http://www.aipy.co.jp/index.html

費用：30 分鐘草莓吃到飽 2,000 日圓

開放時間：10:00-15:00

2 | 1

1 一人一個塑膠盒，可沾煉乳、蜂蜜並丟吃完的草莓蒂

2 要摘又大又紅的草莓才好吃

就休息，但是南輕井澤有一座草莓園「輕井澤 Garden Farm」，從十二月到四月的草莓產季，開放遊客草莓吃到飽。我從官網預約入園的時間，卻收到系統設定的回信說：「由於草莓生長狀況不定，無法保證屆時是否能接待遊客，所以建議接近的日期時，再打電話來確定。」，只好到了輕井澤，請入住的民宿打電話去詢問，所幸，得到的回覆是：「現在的草莓又多又大，歡迎前來！」這才安了心。

要到「輕井澤 Garden Farm」，官網建議的交通方式，是在輕井澤駅坐計程車，十五分鐘的車資至少三千日圓以上；若是坐公車前往，要在「下發地」下車，再走十五分鐘才能到達草莓園。我想了一會兒，決定先坐公車去「風越公園」參觀「繪本之森美術館」，再請「繪本之森」的工作人員幫我叫計程車去草莓園，如此一來，計程車資只要一千日圓，還省去寒風雨天的走路之苦！

一到草莓園，園內工作人員立刻送上一顆今年才試種的「かおり野」草莓，這種草莓甜度高，比較沒有草莓的酸味，草莓園另外還種了「紅はっぺ」、「章姫」、「とちおとめ」，一共四種品種的草莓，但是從外觀來看，實在分辨不出來。

進入溫室後，工作人員會教你採草莓的方法，並說明：「這四排草莓你可以隨便吃！」原來為了不讓遊客「亂吃」影響草莓收成，園方會指定今天可以吃哪幾排，我被分配到的是「紅はっぺ」，第一個十分鐘，我先吃原味；第二個十分鐘，沾園方提供的蜂蜜；第三個十分鐘再沾煉乳。三十分鐘吃了大約三十顆草莓，從來沒有吃得如此痛快過！

跟著《神之雫》去旅行　Auberge de Primavera

「啥米？《神之雫》的作者，兩天前才來過？」check in時，我不好意思地詢問，這裡是不是曾經出現在漫畫《神之雫》裡？這位可愛的服務小姐，露出很甜的笑容點點頭，並且透露，兩天前，《神之雫》的作者亞樹直（亞樹直是姊弟共用的筆名，忘了問是姊姊還是弟弟），還來這裡用晚餐！

這實在是個讓人驚喜又悲憤的噩耗！喜的是，這裡真的是亞樹直喜愛的餐廳，悲的是，我竟然與他擦身而過。要是早來兩天，我不但能親睹這位紅酒專家的風采，還能跟他要簽名哩！

Auberge de Primavera，是輕井澤一九九六年開業的Auberge（以美食餐廳為主的小民宿旅館），講述紅酒的經典漫畫《神之雫》第十集中，主角神咲雫為了解開第三使徒的謎底來到輕井澤，用餐的地點，就是Auberge de Primavera。

從輕井澤駅北口出來轉入東雲交叉口的「雲場池通」，不一會兒就到了Auberge de Primavera，距離車站僅七分鐘路程，又座落於茂密的樹林間，這裡原是私人別墅，工作人員自己動手設計改裝成Auberge；餐廳是主體，所以check in是在餐廳

Auberge de Primavera在雲場池通的樹林中

的櫃台，工作人員帶你走到旁邊黑色的兩層木造建築，那才是旅館的房間。

雖然房間是「副業」，但是第一眼，我就愛上了這個可愛的房間！五十平方公尺的空間，分成臥室、起居室與客廳，還有一個小陽台，挑高的屋頂與碎花壁紙，讓這個房間溫暖又可愛，還有個復古的仕女梳妝台；招待客人的點心是胡桃，得自己敲開來吃，那種恬靜感，不正是夢想中輕井澤私人別墅該有的氣氛嗎？

能被《神之雫》畫進來的餐廳，藏酒必定不俗。放下行李，我和服務人員約好去參觀他們的酒窖，酒窖就在 Primavera 所經營的第二個餐廳——以壁爐燒烤，可以大口吃肉、大口喝酒的餐廳 Pyrenees 旁邊。

打開酒窖門口，好像來到中古世紀的城堡底下，七千多隻紅酒安安靜靜地躺在

1 Primavera 的房間是黑色的二層木造建築
2 房間雖是 Primavera 的副業，卻布置得精緻可愛
3 酒窖客廳還有《神之雫》，但大部分是法文版

Auberge de Primavera

官網：http://www.karuizawa-primavera.com
交通：從輕井澤駅走路約 7 分鐘
素泊：14,000 日圓起，晚餐 9,800 日圓起

2 | 1

1 宛如中古世紀城堡的酒窖有七千多瓶酒
2 八二年的 Latour，一瓶要價 30 萬日圓

溫度、溼度控制極佳的環境，「妳可以在這裡挑一瓶喜歡的酒，晚上用餐時喝喔！」小姐笑盈盈地說。哈！對於紅酒，我根本個大外行，雖然看完全套的《神之雫》，但我唯一背得下來的就是五大酒莊的名字，果然，八二年的 Latour、九五年的 Lafite……，動輒二、三十萬日圓的價格，哪是我這等平頭百姓喝得起紅酒？我秉持著「沒喝過也要看過」的精神，入寶山空手而回，晚上在餐廳，繼續用我的點酒絕招，像咒語般唸出：「おすすめ」（請店家推薦）這個關鍵字！

Primavera 的主廚小沼康行，曾經擔任過日本第一家 Auberge「箱根 Auberge au Mirado」的料理長。前幾年在箱根時吃過 Mirado 的料理，對於沉穩的風格印象很深刻，所以刻意選擇不同的前菜，我當然要吃漫畫中曾經出現過的龍蝦蔬菜凍，幫老公點的則是松露與帕瑪火腿配上三種生熟度不同的蛋料理；今天的魚料理是白醬焗舌平目，至於肉料理則是牛肉酥皮卷佐紅酒醬汁。

漫畫中搭配這道龍蝦蔬菜凍的酒，是 Château de Beaucastel 的白酒，據說這支酒價錢並不便宜，在侍酒師的推薦下，我們選了同樣是勃艮地的酒莊 Santenay Les Gravières

二〇〇九年的白酒，與二〇一〇年的紅酒。

侍酒師告訴我，Santenay的酒，有「Life is too short to drink Statenay」的評價，而Les Gravières是Santenay產區中一級的葡萄園（Premier Cru），以這個酒莊的白酒、紅酒來搭配今天的菜餚，非常適合。

老實說，酒與食物完美的「結婚」（marriage），彼此究竟是怎樣激發出對方更美妙的滋味？我還未能窺其堂奧，但這一天，著實開了眼界又酒足飯飽。我那不勝酒力的老公，只三杯黃湯下肚（還有一杯餐前的五味子果實酒），就澡也不洗地躺在床上，呼呼大睡了！

1 前菜當然要吃漫畫中出現的龍蝦蔬菜凍
2 Primavera的甜點也做得不錯
3 松露與帕瑪火腿配上三種生熟度不同的蛋料理

輕井澤交通攻略

從東京到輕井澤的交通很容易，買「JR關東地區通票」（JR Kanto Area Pass）坐長野新幹線，不用換車約七十分鐘就到了！但是輕井澤町內的交通，卻有一點小複雜。

主要是輕井澤的範圍頗大，分成北輕井澤、舊輕井澤、中輕井澤、南輕井澤幾個區域；散步可達的範圍，只有車站南口的「Prince Outlet」、北口的「舊輕井澤銀座街」，善走的人，頂多再延伸到雲場池，其他的景點，都不是散步可達的範圍。

夏天適合騎自行車

當然，輕井澤美麗的森林湖泊，在夏天很適合騎自行車。車站北口有不少自行車出租店，通常普通車一天是一千日圓；不過，APA Hotel 斜對面有家店一天只租四百日圓，在台灣網友間的知名度頗高；想在輕井澤來個單車之旅，或是要載小朋友，建議還是多花點錢租電動腳踏車，畢竟輕井澤有許多地方都有坡路，騎電動腳踏車，才不會那麼累。

觀光巡迴巴士停駛，新增鹽澤湖急行線

碰到天氣不好或不想騎車，就得靠巴士代步，過去只在七至九月行駛，頗受觀光客歡迎的「輕井澤美術館・觀光巡迴巴士」，竟然在二〇一三年九月終止運行了！也許是停駛了一年，讓觀光客大感不便，因此西武巴士在二〇一五年夏季推出「鹽澤湖急行線」，從輕井澤駅北口－千住博美術館－輕井澤 Taliesin －繪本之森美術

館－風越公園，都是南輕井澤的觀光重點，相當節省時間。

如果不是在夏季造訪，就得坐西武的町內循環巴士（東迴、南迴路線皆可，又稱內迴、外迴，兩者為同一路線，東迴是先經中輕井澤駅，後到南輕井澤，南迴則相反），「鹽澤湖」、「風越公園」是美術館聚集地，兩者距離很近，步行可達，不過，有些班次沒有停靠「鹽澤湖」，只能在「風越公園」下車；從輕井澤駅北口出發，坐南迴（外迴）線，約二十分鐘可以到達「風越公園」，東迴（內迴）抵達「風越公園」則需二十六分鐘。

換車遊「鬼押出園」、「白糸の滝」

比較遠的北輕井澤，有「西武高原巴士」與「草輕交通」行駛，但兩者所走的路線並不一樣，西武高原巴士走「中輕井澤」經「鬼押出園」到群馬縣的「萬座溫泉」，最後抵達「草津溫泉」；「草輕交通」則是走舊輕井澤，先經「白糸の滝」再到「草津溫泉」；兩條路線在「峰の茶屋」交會，若想一次看「白糸の滝」、「鬼押出園」，最好先查好時刻表，在「峰の茶屋」換車。

不過，由於這兩條路線的班次都不多，一天只有四至六班，時間也不太配合，所以在「峰の茶屋」換車時常常要等很久，可以吃個午飯稍作休息；其實「白糸の滝」與「鬼押出園」車程僅十分鐘，如果剛好有計程車就坐計程車，與兩段巴士車資相比，其實差不多。

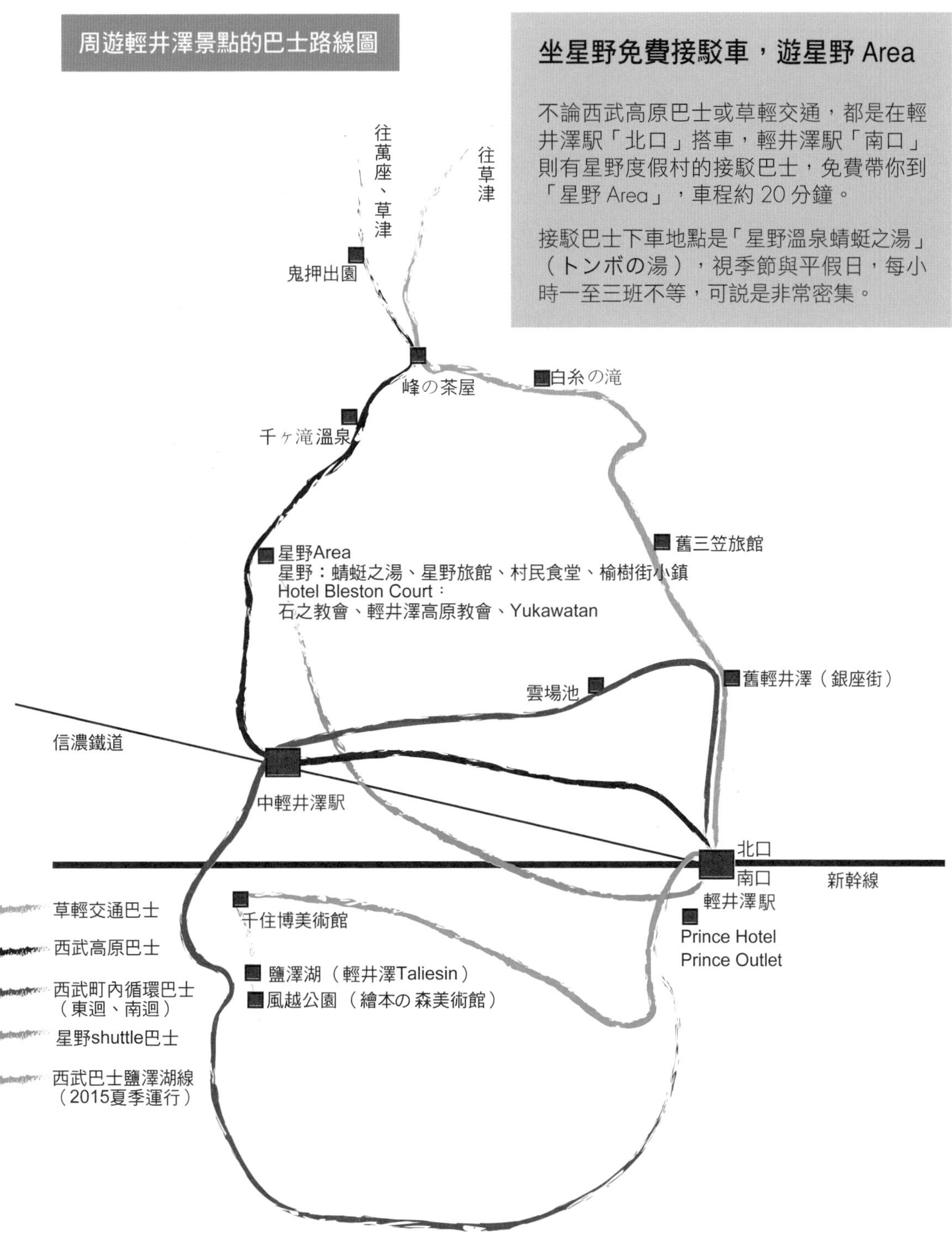

坐星野免費接駁車，遊星野 Area

不論西武高原巴士或草輕交通，都是在輕井澤駅「北口」搭車，輕井澤駅「南口」則有星野度假村的接駁巴士，免費帶你到「星野 Area」，車程約 20 分鐘。

接駁巴士下車地點是「星野溫泉蜻蜓之湯」（トンボの湯），視季節與平假日，每小時一至三班不等，可說是非常密集。

國家圖書館出版品預行編目資料

愛日本2！此生必遊的10大風格小鎮／吳燕玲著；初版. -- 臺北市
商周出版：城邦文化發行，2015.06

ISBN 978-986-272-792-8（平裝）

1. 旅遊 2.日本

731.9 104006250

商周其他系列 B00230

愛日本2！此生必遊的10大風格小鎮

一張JR Pass，規劃從福岡、大阪、名古屋、東京出發的壯遊或在地之旅

作　　者 / 吳燕玲
企畫選書 / 簡翊茹
責任編輯 / 簡翊茹
版　　權 / 黃淑敏
行銷業務 / 周佑潔、張倚禎

總 編 輯 / 陳美靜
總 經 理 / 彭之琬
發 行 人 / 何飛鵬
法律顧問 / 台英國際商務法律事務所　羅明通律師
出　　版 / 商周出版
臺北市中山區民生東路二段141號9樓
電話：(02) 2500-7008　傳眞：(02) 2500-7759
E-mail：bwp.service@cite.com.tw
發　　行 / 英屬蓋曼群島商家庭傳媒股份有限公司城邦分公司
臺北市民生東路二段141號2樓
讀者服務專線：0800-020-299
24小時傳眞專線：(02))2517-0999
讀者服務信箱E-mail：cs@cite.com.tw
劃撥帳號：19833503　戶名：英屬蓋曼群島商家庭傳媒股份有限公司城邦分公司訂購服務
書虫股份有限公司客服專線：(02)2500-7718；2500-7719
服務時間：週一至週五上午09:30-12:00；下午13:30-17:00
24小時傳眞專線：(02)2500-1990；2500-1991
劃撥帳號：19863813　戶名：書虫股份有限公司
E-mail：service@readingclub.com.tw
香港發行所 / 城邦（香港）出版集團有限公司
香港灣仔駱克道193號東超商業中心1樓
E-mail：hkcite@biznetvigator.com
電話：(852) 25086231　傳眞：(852) 25789337
馬新發行所 / 城邦（馬新）出版集團　Cité (M) Sdn. Bhd.
41, Jalan Radin Anum, Bandar Baru Sri Petaling,
57000 Kuala Lumpur, Malaysia.
電話：(603) 90578822　傳眞：(603)90576622
E-mail：cite@cite.com.my

封面設計 / 王婷婷
內頁排版 / 王婷婷
印　　刷 / 高典印刷有限公司
總 經 銷 / 高見文化行銷股份有限公司　地址：新北市樹林區佳園路二段70-1號
電話：(02) 2668-9005　傳眞：(02)2668-9790　客服專線：0800-055-365
行政院新聞局北市業字第913號

■2015年06月16日初版1刷
■2016年11月7日初版4.5刷

Printed in Taiwan

定價 / 350元

城邦讀書花園
www.cite.com.tw

ISBN 978-986-272-792-8

104 台北市民生東路二段 141 號 2 樓

英屬蓋曼群島商家庭傳媒股份有限公司

城邦分公司

請沿虛線對摺，謝謝！

書號：BO0230 **書名**：愛日本 2 ！此生必遊的 10 大風格小鎮 **編碼**：

請於此處用膠水黏貼

讀者回函卡

不定期好禮相贈！
立即加入：商周出版
Facebook 粉絲團

感謝您購買我們出版的書籍！請費心填寫此回函卡，我們將不定期寄上城邦集團最新的出版訊息。

姓名：＿＿＿＿＿＿＿＿＿＿＿＿ 性別：☐男 ☐女

生日：西元＿＿＿＿年＿＿＿＿月＿＿＿＿日

地址：＿＿＿＿＿＿＿＿＿＿＿＿

聯絡電話：＿＿＿＿＿＿ 傳真：＿＿＿＿＿＿

E-mail ：

學歷：☐ 1. 小學 ☐ 2. 國中 ☐ 3. 高中 ☐ 4. 大學 ☐ 5. 研究所以上

職業：☐ 1. 學生 ☐ 2. 軍公教 ☐ 3. 服務 ☐ 4. 金融 ☐ 5. 製造 ☐ 6. 資訊
☐ 7. 傳播 ☐ 8. 自由業 ☐ 9. 農漁牧 ☐ 10. 家管 ☐ 11. 退休
☐ 12. 其他＿＿＿＿＿＿

您從何種方式得知本書消息？

☐ 1. 書店 ☐ 2. 網路 ☐ 3. 報紙 ☐ 4. 雜誌 ☐ 5. 廣播 ☐ 6. 電視
☐ 7. 親友推薦 ☐ 8. 其他＿＿＿＿＿＿

您通常以何種方式購書？

☐ 1. 書店 ☐ 2. 網路 ☐ 3. 傳真訂購 ☐ 4. 郵局劃撥 ☐ 5. 其他＿＿＿

您喜歡閱讀那些類別的書籍？

☐ 1. 財經商業 ☐ 2. 自然科學 ☐ 3. 歷史 ☐ 4. 法律 ☐ 5. 文學
☐ 6. 休閒旅遊 ☐ 7. 小說 ☐ 8. 人物傳記 ☐ 9. 生活、勵志 ☐ 10. 其他

對我們的建議：＿＿＿＿＿＿＿＿＿＿＿＿

【為提供訂購、行銷、客戶管理或其他合於營業登記項目或章程所定業務之目的，城邦出版人集團（即英屬蓋曼群島商家庭傳媒（股）公司城邦分公司、城邦文化事業（股）公司），於本集團之營運期間及地區內，將以電郵、傳真、電話、簡訊、郵寄或其他公告方式利用您提供之資料（資料類別：C001、C002、C003、C011 等）。利用對象除本集團外，亦可能包括相關服務的協力機構。如您有依個資法第三條或其他需服務之處，得致電本公司客服中心電話 02-25007718 請求協助。相關資料如為非必要項目，不提供亦不影響您的權益。】

1.C001 辨識個人者：如消費者之姓名、地址、電話、電子郵件等資訊。
2.C002 辨識財務者：如信用卡或轉帳帳戶資訊。
3.C003 政府資料中之辨識者：如身分證字號或護照號碼（外國人）。
4.C011 個人描述：如性別、國籍、出生年月日。

請於此處用膠水黏貼